Suzanne Wrack

女子サッカー140年史

闘いはピッチとその外にもあり

スザンヌ・ラック　実川元子＝訳

A WOMAN'S GAME

The Rise, Fall and Rise Again of Women's Football

白水社

女子サッカー140年史

闘いはピッチとその外にもあり

女子サッカー140年史
闘いはピッチとその外にもあり

目次

第3部　変革のとき　189

まえがき

ふたつのチームがひとつのボールをゴールまで運ぶことを競い合うゲームが、なぜ現在のように政治や経済を動かす強力なツールとなったのか？　現状だけを見ていると、その答えはなかなか見えてこない。サッカーは、ラグビー、クリケットやテニスと同様、誰でも楽しめるスポーツのひとつの種目にすぎないはずだ。それなのに人々は、ときには政治家以上にサッカー選手や監督に敬意を払うことがある。社会に大きな影響力を持つ、という点において、サッカーはほかのスポーツや娯楽とは一線を画している。

一六〇年ほど前に、集団で楽しむ競技「アソシエーション・フットボール」として形式とルールが決められ、近代スポーツとなったサッカーは、始まりの姿を留めないほど大きく変わったと私たちの目には映る。しかしその一方で、サッカーという競技は誕生以来、その真髄にある普遍性を失っていない。サッカーは地域コミュニティのなかで誕生し、人々に愛され支えられて成長してきた。サッカーが世界的に人気の商業スポーツとなり、グローバルな存在となっても、真髄は変わらない。熱狂的なファンがピッチに乱入することもよくあるし、ファンたちはテレビの前で手に汗を握って応援し、ネットで情報をあさる。グローバル化の変化といっても、ユニフォームなどのインターネット販売で、クラブが世界中にファンを獲得していることくらいだ。だが、何千何万ポンドもかけて建設されたビッグクラブの豪華な練習場で、アカデミーに所属する少年少女たちが、明日のスタープレーヤーを夢見て組織的な練習に励むシーンがある一方で、シリア難民たちが瓦礫の中から拾った建材をゴールポストにしてボールを蹴る、そのどちらも一五〇年前から変わらない、サッカーの真髄なのだ。

ボールひとつあれば誰でも手軽に始められ、地域や環境に関係なく楽しめるサッカーは、歴史を通してことあるごとに社会的抑圧を跳ね返す強力なツールともなってきた。二〇〇六年ワールドカップ予選では、コートジボワール代表チームの主将としてディディエ・ドログバが故郷のラジオで国民に向けて内戦の終結を呼びかけたところ、一週間以内に内戦が終わった。ブンデスリーガのいくつかのクラブは共同で、「反移民」勢力に反対するメッセージをスタジアムに掲げた。英国ではマンチェスター・ユナイテッドFCのマーカス・ラシュフォード選手が政府に働きかけて、コロナ禍によるロックダウンで学校給食がなくなり、飢餓にさらされる危険がある貧困家庭の子どもたちに、無料で食事を支給されるようにはからった。私はサッカー・ジャーナリストとして、サッカーが社会に益をもたらす力があることを示すこういう話に耳を傾け、取材し、書くことを愛している。

私は一九九〇年代初期にイーストロンドンで育った。住んでいた市営団地では、気温が上がるとどの部屋も窓を開け放つ。試合開催日ともなると、多くの家庭がアーセナルFCの男子チームの試合をテレビ観戦し、その音が団地中に響き渡る。アーセナルのゴールが決まると、いっせいに歓声があがって大騒ぎだ。私はそんなふうにサッカー競技の力を日常的に感じて育ってきた。チームが勝てばコミュニティはひとつにまとまり、私たちの社会を分断する壁の存在を束の間忘れることができた。

試合開催日に幸福感に酔いしれているときだけは、自分がサッカーの世界では部外者である女性であることをあまり意識せずにいられた。だがその時間は、いつも本当に短い。浴びせられる視線やかけられる言葉を無理やり意識の外に振り払って、男性ばかりで埋められたスタンドの中に自分の席を見つけようと入っていくとき、または性差別的なチャントを自分も歌っているふりをするとき、ああ、私はここにいることが許されないよそものなのだと思い知らされる。そんな私が女子サッカーを知ったとき、そこが自分のいるべき場所だと思ったのはごく自然だった。

世界の人口の半分を占めているものの、女性たちはサッカーの世界では圧倒的少数派だ。だが女性たちは、サッカーだけでなくスポーツを通して社会的影響力を高め、より公正な社会にするために闘う力を得ようとしてきた。女性アスリートの大半は、社会を変えるためにスポーツ競技をするなど言わないだろうし、プレーを始めた動機が社会運動に参加するためなどという選手はいない。彼女たちがサッカーをするのは、社会意識変革のためではなく、単純に楽しいからだ。だが、サッカーをプレーすることは、それ自体、明白にひとつのフェミニスト的行為だ。

ボールを手に取り、グラウンドに向かう女性たちは、女性とはこうあるべきという社会のあらゆる規範を破っている。外見、ふるまい、身体の鍛えかた、服装、そして何よりサッカーを通して女性たちが持つ感情は、世間が期待する〝女らしさ〟からほど遠い。

女性たちは長きにわたって、女はサッカーをやるものではないと思いこまされてきた。私自身、草の根からトップ選手までさまざまな女子選手を取材し、また自分自身のサッカー経験を通じて、女性はサッカーの世界の部外者だという見方を繰り返し突きつけられてきた。

成長過程で私が憧れたのは父だ。父が考えるような人間になることが、かっこいいと思っていた。幸いなことに私の父は進歩的な考えを持ち、私のサッカー愛を受け入れ、たいせつに育んでくれた。しかしそんな大人は例外的だ。小学校で男の子たちに混じってプレーしていた女の子は私ひとりで、誰もやりたがらないゴールキーパーをいつもやらされた。私は男子用のウェアを着用していたが、それは女子用のサッカーウェアが市場に存在していなかったからだ。成長して体型が変わると、男子用のシャツもパンツもからだに合わなくなった。腰回りがきつく、バスト部分も締めつけられる。成長するほど、サッカーの世界から出ていくよううながされている、と私は感じた。

ロンドン北東部ハックニーで私が進学した中学校は男女別学で、一緒にサッカーができる男子はまわりにもういなかった。学校になじめないと思ったけれど、サッカーをなんとかつづけていこうと虚しく努力はした。しかし、体育の授業はチームスポーツを意図的に避けているようだった。生徒たちはみんな体育を毛嫌いしており、私も大嫌いだった。一一歳までドレスだのスカートだのを着ることを拒否してきた私だったのに、突然ミニ丈のプリーツスカートをはかされることになり、その下にオーバーサイズのパンツをはかざるを得なくなった。自分のからだがいやだった。私が死ぬほどその一員でありたいと願っているサッカーの世界から、私を締め出す原因となるからだを憎んだ。私は人目が気になった。仲間の前で着替えをするのがいやでたまらなかった。生理にもぞっとした。体育の授業を避けるほど、またスポーツを遠ざけるほど、私はスポーツに向かないからだになり、ますますサッカーの世界で歓迎されないように感じた。

以前と同じように、サッカー愛を素直に出せたときがある。アーセナル・レディース（現アーセナル・ウィメンＦＣ）の選手たちが五人、二学期間放課後に講習会をやってくれたときだ。私はキーピー・ウッピーという、ボールを地面に落とすことなく頭、肩、足、腿などを使ってボールをジャグリングするゲームで最高記録をつくり、講習会のある晩にはボールをリフティングしながら踊るように体育館まで行った。だが喜びの代償は大きかった。友人たちは放課後のその活動に執着する私に困惑し、私は日が暮れたあとひとりで歩いて帰宅しなくてはならなかった。私は仲間外れに耐えられなかった。講習会はあっさり終了し、私はプレーをやめた。

サッカーは観るだけにしたが、スタジアムでも私はよそものだった。見渡す限り男性たちで埋め尽くされたスタンドで、少女の私がいったいどこに〝安全な居場所〟を見いだせるというのか？

しかし時代は変わった。女性たちがはじめてサッカーをプレーした時代から、大きく変わった世界で私たちは生きている。二〇年前、私が一四歳のときに経験したようなことはもはやない。女性たちは選挙権を得て、離婚ができるようになり、私有財産を持つ権利を得て、働くことも、独身を通すこともできる。それでも圧倒的に多くの人たちが男性のものだと考えるサッカーの世界で、女子サッカーは今日でさえも、女性嫌悪《ミソジニー》的な攻撃にさらされる。なぜか？　女性たちはたしかに社会進出を果たした。それにもかかわらず、社会には女性に対する偏見や重苦しい抑圧がまだあるからだ。政治やビジネスの場で意思決定に加わる女性はまだ少ない。男女賃金格差は解消にほど遠く、広告宣伝での女性蔑視は散見され、妊娠して産むかどうかを決める権利はまたも女性たちから奪われようとしている。現実社会はジェンダー平等にはまだいたっていない。

女性たちを「男性専用」のたまり場に入らせないようにするには、制度や法律で禁止すればいいと考える人たちはこれまでもいた。だがその上をいく人たちもいたのだ。記録に残る世界初の女子サッカーの試合は、一八八一年五月九日、エジンバラのイースターロードで開催されたスコットランド対イングランド戦だった。試合はメディアと大衆からあからさまな侮蔑を浴びせられた。着ているものへのこきおろしにはじまり、プレーのレベルや外見に対する嘲笑が大半をしめる。そのあたりは現代とたいして変わらない。それでもイングランドのゴールキーパー、ヘレン・マシューズ（グラハム夫人として知られている）はめげなかったし、彼女がチームをまとめたおかげで、イングランドは3−0で勝利した。五日後、五〇〇〇人のファンの前で行なわれるはずだった試合は、数百人の男性たちがピッチになだれこみ、選手たちが荷馬車で逃げざるをえなかったために中止となった。

一世紀以上にわたって、女性たちはサッカーをプレーすることをたびたび妨害され、嘲笑を浴びせられ、ときには法律で禁止されてきた。サッカーを諦めて、もっと広く社会に受け入れられやすいスポーツに乗り換えるほうが女性たちにとってはずっと簡単だっただろう。だが、政治的、社会的権利獲得のためにサッカーを利用する女性たちがいる一方で、純粋にサッカーをプレーする喜びのために、粘り強く闘いつづけてきた女性たちもいた。

そのおかげで現在、女子サッカーはこれまで十分ではなかった投資と支援を求めることが許されるようになっている。しかし、イデオロギー上ではプレーする権利獲得は成功したとはいえ、いまだに女性がサッカーをするとほかのスポーツには見られないような攻撃を受ける。インターネットには女子サッカーへの悪口雑言があふれている。

「下手すぎて見ていられない」

「ゴールキーパーが酷い」

「スピードが足りない」

「男子のチームには簡単に負けるね」

「女子サッカーはなんであんなにメディアで優遇されているんだ？」

「胸糞悪い」

「男子のアマチュアサッカーの試合のほうが観客を集めているのに、メディアが注目するのは女子サッカーだ」


そんな悪口を言うのは一部だろうが、その声は大きい。いまに始まったことではない。一八九五年にデイリー・スケッチ紙はブリティッシュ・レディースFCの試合を痛烈に批判した。「女性によるサッカーの試合は最初の二、三分だけ見れば十分だ。プレーのレベルが低すぎてお話にならない。サッカー選手にはスピード、判断力、スキルと勇気が必要だ。この四つの要素のいずれもが土曜日の試合では見られなかった。レディたちはほとんどの時間、フィールドを目的もなくふらふらとみっともなく歩き回っていただけだった」

一世紀以上たった今日に至っても、そんな狭量な見方が主流をしめる。闘いは終わっていない。一九世紀末に、世界初の女子サッカークラブを創設したネッティ・ハニーボールが挑んだ闘いと同じではないにしても、社会のなかにある女性差別が女子サッカーへの見方に反映されている。リプロダクティブ・ヘルス／ライツ（性と生殖に関する健康と権利）、同一労働同一賃金、産休を取得する権利、育児支援、教育を受ける権利などは、女性にはまだ十分に与えられていない。世界には女性が車を運転することを許さない国も複数ある。そんな世界にあって女性たちは、プロ選手としてスポーツ競技を行なう権利の獲得をはじめとして、これからもまだ闘いつづけていかねばならない。それはサッカーにかぎらず、あらゆるスポーツにいえることである。

サッカーアメリカ合衆国女子代表チームは近年、出場給と助成金の額を男子チームと同一にするようアメリカ合衆国サッカー連盟に要求し、ついに法廷に持ちこんだ。アメリカではサッカーにおける実績も興行収入も女子チームが男子を上回っているのに、女子チームの賃金も待遇も男子にはるかに劣る。法廷闘争にまで持ち込まれたことは、競技実績をあげれば自然に男女平等になるというのは幻想にすぎないことをはっきり示し、社会に染みこんだ女性差別がどれだけ根深いかを可視化させた。アメリカだけではない。デンマーク、コロンビア、ブラジル、スコットランド、アイルランド共和国、アルゼンチンとノルウェーでも、女子サッカー選手たちは自国のサッカー協会に公平で正当な取り分を求め、闘っていることをあきらかにしている。*

二〇一八年バロンドールを受賞したノルウェーのアーダ・ヘーゲルベルグは、授賞式のステージで、膝を曲げてお尻をふるダンス、トゥワークをするようフランス人ＤＪに求められ、即座にＮＯと答えてステージをおりた。ヘーゲルベルグは二二歳だった二〇一七年にノルウェー代表への招集を拒否した。ノルウェー国内の試合で男女が同一の報酬を得ていないことと、若い女子選手たちへの待遇が十分でないことへの抗議からだ。サッカー界における女性差別撲滅との闘いは、二歩進んで一歩さがるほどの遅々とした歩みである。

それでも女子サッカーのプロ化は徐々に進んで、待遇はあらゆる面で改善され、男子との格差は少しずつ埋まりつつある。男女差別についてふれると、それでは女子サッカーの質はどうなのかという声が必ずあがるが、そういう人たちに私は逆に聞きたい。今日活躍している男子のプロ選手は、アーセナル・ウィメンFCのレジェンドと称えられるアレックス・スコット選手のように、ユニフォームや用具を自分で洗濯しながら、テクニックを磨き、フィジカルを鍛え、メンタルを整えることができただろうか？　もしくはイングランド女子代表ゴールキーパーのニコラ・ホッブスのように、フルタイムで消防士として働きながら、プレーを続けてこられたか？　レディングFCウィメンで活躍し、代表にも選ばれたファラ・ウィリアムズのように、一時期ホームレスになってシェルターに保護されていたというような経験がある男子のトップ選手はいるか？　キャリアの期間中、ほとんどかまったく医療や理学療法を受けられない女子選手がどれほど多いか。ほとんどの選手はプレーを続けるためには生活費をサッカー以外で稼がねばならないし、仕事が終わったあとに往復六時間かけてトレーニングに行くという選手も大勢いる。

女子サッカーのプロ化が徐々に実現しつつある国々で、あらたに台頭してきている新世代の選手たち

＊二〇二二年二月、アメリカ合衆国サッカー連盟は女子代表チームの主張を認め、二四〇〇万ドルの和解金支払いと、男女で賃金を平等にすることを約束し、五月に賃金と大会の賞金を男女で同一にする契約に同意した。

は、先輩たちの成長の足を引っ張ってきた重荷から少しずつ解放されている。彼女たちがピッチで最高のパフォーマンスを発揮できる環境は整いつつある。まだ道のりは遠いが、イングランドでは女子サッカー史上最高の才能ある世代が台頭してきているし、これからもっとすばらしいタレントが輩出されていくのが期待できる。今日、活躍の場が与えられている若い女性たちに、身悶えするほどの嫉妬を覚えるのは私ひとりではないだろう。だが同時に、今日少女たちがサッカーの世界に歓迎されて飛びこんでいく姿に、心底安堵し、元気づけられてもいる。少女たちのためのウェアやシューズはあたりまえのように市場にあり、プレーできる場も準備されているのだ。

女子サッカーはいま、とてつもなくエキサイティングな時代を迎えている。クラブも協会も、国内リーグの観客動員数をいかにして引き上げるか、対策を迫られている。二〇一九年、メキシコ、スペイン、イングランドとイタリアでは、女子サッカーの試合観客動員数が記録を塗りかえ、意志があれば道は開けることを証明した。クラブは女子チームに投資している。その動機は慈善ではないし、社会におけるジェンダーギャップを埋めるための闘いに動かされただけでもないだろう。またクラブと協会にとって、女子サッカーの潜在的市場性をいかに引き出すかということは大きな問題ではない。クラブと協会が女子サッカー競技の質の高さを認め、投資に値すると明言することだ。クラブも協会も、サッカーファンたちに提供し、投資し、売り込んでいるのがどのようなものかをもっとしっかりと示す必要がある。派手なポスターやSNSの動画を掲示することではない。私たちが必要としているのはマーケティングではなく、現状を改革するための行動である。女子サッカーという製品を人々の前に示し、その魅力を適切なやり方と場所で提示し、愛させること。それ以外に求められている行動はないだろう。

サッカーはしばしば「ビューティフル・ゲーム」と呼ばれる。だがふつうの人々が生きている現実社会から、「ビューティフル・ゲーム」は奪われつつある。チケット価格は高騰し、選手たちへの報酬はあごが外れるほど高額になり、スポンサー契約はますます薄っぺらなものになっていき、スタジアムでの飲食は質に見合わない高価格だ。競技を主催するクラブや協会の汚職やずさんな経営も問題だ。こういったすべてが、サッカー競技をつくってきた本物のファンやコミュニティからサッカーを取り上げてしまっている。

女子サッカーは男子サッカーをまねていくことが発展につながる、という声がある。だが私たちはそれを望んでいるだろうか？　私たちは女子サッカーをもっとよいものにすることができる。本書では、女子サッカーが興隆し、その後失墜し、そして近年また盛り上がっていく過程を描いている。その過程において、女子サッカーが女性を抑圧しようとする社会とどのように闘ってきたか、なぜ女性たちはサッカーをしたいと思っているのか、サッカーをすることでどんな世界が開けてきたか、いま女性たちがどんな立ち位置にいるのかを描くつもりだ。

これは女性たちがつくってきた女子スポーツ競技の歴史の話である。だが核に置いているのは、よりよい競技にするための提言である。

第1部

女子サッカー史

第1章 はじまり

英国の風刺漫画週刊誌パンチは、一八七三年五月一〇日号で女性がクリケットをするとろくでもないことが起きる、と嘲笑しながら警告した。「手に負えない女性たちが、またもや競技場に侵入した。〃レディース・クリケット〃だと！　こんなのを許していれば、つぎにどんな恐ろしいことが起こるかは目に見えている。レディース・ファイブス〔英国の伝統的な球技〕、レディース・サッカー、レディース・ゴルフと女性たちの侵入が続くにちがいない。見渡すかぎり男しかいないところに女たちが入ってくる。女たちはクロケットとか、午後のお茶やミシンを踏むぐらいで満足すべきだ。たまには客間でビリヤードのゲームくらいはしてもいいが」

この予想はあたった。初めて女性たちがアソシエーション・フットボールの試合に挑んだのは、パンチ誌の警告から八年しか経っていないときだった。試合が新聞で報じられたのは一九世紀後半ではあったが、女性たちはもっと以前からサッカーをしていた。

英国で女子サッカーについて書かれたもっとも古いものは、詩人で学者のフィリップ・シドニー卿（一五五四―一五八六）が、「ふたりの羊飼いの会話」で書いた詩である。

「女の子たちがスカートをたくしあげてサッカーをするのを見ると、おれの母ちゃんがよく言うのさ。おやまあ、たいしたもんだね」

スコットランドでは一八世紀から、女性たちが独身と既婚に分かれて一年に一回試合をしていた。その記録はいまも多数残っている。独身男性たちが試合を見守り、将来パートナーとなるかもしれない女性たちのサッカーのスキルに目を凝らした、という。船舶設計家のアレクサンダー・カーライル師は、一七九五年にイーストロージアンにあるインベレスクという村で見たそんな試合の様子を書き残している。

「［漁師の妻は］男たちと同じ仕事をし、その振る舞いは男っぽく、力強さも動きも漁師にふさわしい。彼女たちの楽しみも男っぽい。休日にはゴルフを楽しみ、懺悔の火曜日〔四旬節に入る前日の遊んで楽しむ日〕には、既婚女性と独身女性に分かれてサッカーの試合をして、観客たちは立ち見で見守る。勝つのはつねに既婚女性たちだ」

この伝統行事で興味をひかれるのは、労働者階級の男性たちが伴侶として女性に求めていた資質が外見の美しさやしとやかさではなく、身体的頑健さやスポーツの能力だったことだ。多くの意味で、これは女性たちのスポーツ活動を推進する英国の施策「ジス・ガール・キャン」〔英国のスポーツ政策をになう政府外公共機関スポーツイングランドが、二〇一五年から開始した女性が意欲的にスポーツに取り組めるための支援をするキャンペーン〕に通じる現代的な考え方だ。たくましい筋肉を誇り、したたり落ちる汗を喜び、化粧が落ちても汚れても気にせず、体型や外見に関係なくスポーツを楽しむ女性たちを、男性は魅力的だと思っていた。

たしかに二世紀前のスコットランドの話ではある。だが、かよわく、青白く、華奢であることが望ましい女らしさだとするのは、普遍的な価値観ではない。そんな女性が望ましいと考えたのは一時代の一部の男性たちであり、そんな男性たちが支配する社会では長年にわたって女性の役割の価値は下げられ、男性たちは優位に位置づけられた。

英国以外の地域では、女性たちはもっと前からサッカーに似た競技を楽しんでいた。中国では「蹴鞠《ツージュー》」のゲームが漢王朝（ＢＣ二〇六―ＡＤ二二〇）の時代から親しまれてきた。蹴鞠は現代サッカーと共通するところがある。蹴鞠でも、ふたつに分かれたチームが異なる色のユニフォームを着て、ボールをネットに蹴り込む。キャプテンは腕章ではなく、つばが平面の帽子をかぶり、丸まったつばの帽子をかぶるほかの選手たちと区別された。蹴鞠は女性たちに人気で、唐末期の将官、李光顔（七六一―八二六）は蹴鞠を取り上げた詩を詠んでいる。

競技場の選手は猿のごとく素早く、ハヤブサの優雅さで動き
三千人の女性たちが首を傾げて彼を見つめる
女性たちの耳輪から光が放たれ
紋章旗が波のごとく打ち振られ、幟《のぼり》がまぶしく輝く

女性たちは蹴鞠の試合をただ見ているだけではなかった。漢の時代に、髪をアップに結い、長い袖と

ドレスの裾をひるがえしながら、庭でボールを蹴る女性たちを描いた絵がある。その絵からは、女性がボールを蹴るのが無作法だと眉をひそめている気配はうかがえない。世界じゅうで楽しまれてきたスポーツから、女性を排除しようとするのは近代になって生まれた見方だということがわかる。

一八八一年五月九日、公式記録として初の女子サッカーの国際試合だと広く考えられている試合がエジンバラのイースターロードで開催された。グラスゴーヘラルド紙はただ「相当に奇抜」とだけコメントしている。

この興行は高い関心を集め、千人を超える観客が見守った。一八歳から二四歳と思われる若い女性たちは、非常に粋な服装で登場した。スコットランド・チームはブルーのシャツ、白いニッカボッカに赤の靴下、赤いベルトを締め、ハイヒールのブーツをはき、ブルーと白のマントをはおっていた。対するイングランドの女子チームはブルーと白のシャツ、ブルーのストッキングとベルト、ハイヒールのブーツに赤と白のマントだ。選手の目線で見れば試合は失敗だったが、どちらのチームにもサッカーセンスを感じさせるかなりいい選手がいた。前半、スコットランド・チームは向かい風だったが1ゴールをあげ、後半に2点追加し、結果イングランドに3-0で勝利した。ミス・センクレアとミス・コールが2点を、ミス・スティーブンソンとミス・ライトのふたりが協力して3点目をとった。

試合リポートはバランスがとれた視点で書かれており、女子の試合ではおそらく初めてとなるチームシートが残っている。歴史的な試合に出場した女性たちが、どのような人物だったかがうかがえる貴重な記録だ。

	スコットランド	イングランド
ゴールキーパー	エセル・ヘイ	メイ・グッドウィン
バックス	ベラ・オズボーン ジョルジーナ・ライト	メイベル・ホープウェル モード・ホープウェル
ハーフバックス	ローズ・レイマン アイザ・スティーブンソン	モード・スターリング エイダ・エバーストン
フォワード	エマ・ライト ルイーズ・コール リリー・センクレア モード・ライウェフォード キャリー・バリオル ミニー・ブライムナー	ジェラルディーン・ビントナー メイベル・バンス エバ・ダベンポート ミニー・ホープウェル ケイト・メロン ネリー・シャーウッド

記念すべきこの試合を企画したのは、エジンバラを拠点に活躍していた興行師で俳優のアレック・ゴードンだ。男子サッカーの国際試合の人気が高まっていることに目をつけたゴードンは、女子サッカーも興行収入をあげられるはずだと見こんだ。演劇界を仕切る大物、チャールズ・ショールズと、ショールズ劇場の支配人であるジョージ・フレデリック・チャールズとともに、ダンスや演劇界から選手を集

めた。イングランドの選手の大半とスコットランドの数名はリッジー・ギルバートが主宰する少年少女《ジュベナイル》バレエカンパニーのメンバーだった。スコットランドのほかのメンバーは、プリンセス劇場からスカウトされた。ゴードンとチャールズ自身もグラスゴーヘラルド紙の試合リポートに、スコットランドとイングランドの両チームに敬意をはらったコメントを寄せている。

今日、経済的また社会的見地から、女子サッカーの試合の潜在的価値に注目する意見が出ている。男子サッカーが抜きんでた存在になりはじめたなかで、女子サッカーが盛り上がる好機がゆっくりと訪れようとしている。女子サッカー市場が開かれていけば、スポンサーを得て、メディアに取り上げられるようになるだろう。そこで一九世紀後半というこの時期に、世界最初の試合を見た人たちは、女子サッカーには思っている以上に早い時期に開花する可能性があるという結論を引き出すだろう。

試合のニュースは地方紙にも取り上げられて英国中に広まり、ニューヨークサン紙やシドニー・イブニングニュース紙、モントリオール・デイリーメール紙といった海外の新聞も試合リポートを掲載した。

何紙かは試合の質を嘲笑した。女性が男性と同じレベルでプレーするのは無理だろうとはっきり断じた理由は、「ハイヒールのブーツをはいてプレーした」ためだ。スコットランドのダンファームリン・ジャーナル紙は、未熟さを露呈した女子サッカーは評価にも値しないと、観客の半分は前半だけでスタジアムをあとにした、と報じた。また試合内容はまじめに論じるようなレベルではなかった、とも書いた。しかし翌週、五月一六日にグラスゴーで開催された第二試合については、まったく異なる意見が報じられた。

ノッティンガムシャー・ガーディアン紙は試合の翌日「月曜夜にショーフィールド・グラウンドで行なわれた試合は、おそらく女子サッカーを見る最初で最後の試合となるだろう」と書いた。五〇〇〇人の男性ファンたちで埋めつくされたショーフィールド・グラウンドの試合からは、早くも目新しさは消えていた。ノッティンガムシャー・ガーディアン紙はこう書いた。

トレーニング不足を言い訳にできないほどプレーはおそまつで、サッカーの戦術を云々できるレベルではなかったとしても、それは予想された範囲だった。われわれが知るサッカークラブも発足当時はそんなものだった。服装は適切で、遠目には一般的なサッカーの試合と見分けがつかなかった。試合はとどこおりなく進んだが、最後の最後に妨害が入った。

数人の暴漢が試合の終了間際にピッチに乱入し、それが引き金になって数百人がなだれこんだ。選手たちは乱暴にこづかれ、試合終了前にグラウンドまで乗ってきた乗合馬車に逃げこんだ。しかしそこで災難は終わらなかった。群衆は馬車の扉を押し破って、逃げ去ろうとする馬車から選手たちを引きずりだそうとし、警官が止めなければ女性たちは負傷していただろう。四頭の馬に引かれた馬車は群衆が野次を飛ばすなかを急いでグラウンドから去り、女性たちは恐怖のなかをなんとか逃げおおせた、と思いたい。

その後ブラックバーンとブラッドフォードでも試合は行われたが、六月二〇日にテッドロー・フォルドにあるチータム・フットボールクラブで行なわれた試合は、またもや大荒れとなった。チームがピッチに出てくるのが半時間遅れ、有料チケットで入った観客もいたが、大半は「チェックを受けないでもぐりこんだ人たちだ」と報じられている。開始時間が遅れ、「やる気が見えないプレーを三〇分ほど見せられたために、大勢がピッチになだれこんで乱闘が繰り広げられた。選手たちはほうほうの体《てい》で逃げた」という。マンチェスター・ガーディアン紙は「女子サッカーの試合、大荒れ」という見出しで以下のような記事を掲載した。

昨晩、チータム・フットボールクラブのグラウンドで今週二試合目となる〝レディース〟サッカー・マッチが開催されたが、出場した若い女性たちは悪趣味な好奇心を十分に満足させてくれた。しかしクラブはこの出来事にはなんら関与していない。「イングランドのイレブン」対「スコットランドのイレブン」が七時半キックオフで開催されるという貼り紙を見て、大勢がやってきた。選手たちは優雅でも似合ってもいない衣装で遊覧馬車に乗ってグラウンドにあらわれた。大半が若者の、馬鹿騒ぎを演じる機会に乗じた群衆がグラウンドになだれこんできた。

入場料を払った人はほとんどおらず、大勢がグラウンドの外の道路からなかの様子をうかがおうと押し合いへし合いしていた。反対側の少し高くなったところにも、同じことを考えた群衆が押しかけていた。大勢の警官が周辺の整理と、チケットを持たない人たちを入場させないように整理にあたっていたが、試合らしきものがはじまって一時間ほどたったときに、群衆はついにグラウンドに入ることに成功した。群衆は制止しようとする警官を押しやり、ついに高いところにいた暴徒が警戒線を押し破り、グラウンドはあっという間に暴徒の群れに占領されてしまった。スコットランドで手荒い攻撃を受けた経験から、女子選手たちは暴徒が入りこもうとする音を聞くやいなや、はいていたヒールを脱ぎ捨て、馬車のほうへと走った。暴徒たちにつかまる前にからくも女性たちが逃げこんだ馬車は、激しい野次と混乱の中を走り去った。

騒動に動じた様子を見せず、またチケット販売収入がかなり入ったことに気をよくして、女子サッカーの試合は、新聞が取り上げなくなる一八八一年六月末まで、リヴァプールでもう二試合開催された。一九世紀に行なわれた女子サッカーの試合はそれが最後となったが、サッカーのグローバルな運営組織であるＦＩＦＡが公認する女子サッカーの試合が行なわれたのは、やっと一九九五年になってからである。

しかし初期の試合は女性がサッカーをする道を拓いた。選手とチームを組織した人たちは、決断力と実行力と、女子サッカーには可能性が秘められている、という先見の明を示した。その後の女子サッカーの歴史を通して、この三つの要素は発展の鍵となっていく。

第2章　最初の公式試合

求む女子サッカー選手：一一月に予定されているサッカーの試合でプレーするレディースを募集しています。入場料収入分配あり。プライベート・グラウンドで練習できます。ウェストン・パーク、クラウチ・エンドN27番地　ミスPまで連絡乞う。

一八九四年、ザ・グラフィック誌にこの広告が掲載され、ついにブリティッシュ・レディース・フットボール・クラブ創設がおおやけになった。ミスPはスミス家の末っ子、フィービーで、クラブ発足当時からの選手だった。兄のアルフレッド・ヒューイット・スミスとフレデリック・スミスがクラブ運営にかかわっていると複数の新聞が報じている。

しかし公式に初めて認められた女子サッカーチームとして伝えられている名前はスミス家ではなく、ネッティ・ハニーボールである。ハニーボールは偽名で、実名はメアリー・ハットソンだと広く信じられている。ハットソンはスミス家と同じロンドンのクラウチ・エンドに住む中流階級の女性だった。彼女はクラブの幹事とキャプテンをつとめ、インタビューでは自分が創設者ともいっており、クラブの名目上のトップとして取材を受けていた。ハニーボールは、貴族で婦人参政権論者《サフラジエッツ》でもあったレディ・フローレンス・ディクシーをかつぎだし、クラブの理事長とスポンサーに据えた。

一八九四年に最大の売れ行き部数を誇っていた写真週刊誌、スケッチ誌が女性のサッカーについての話題を取り上げ、嘲笑する漫画を掲載した。漫画では、上流階級の女性たちが着るようなドレス姿の女性たちが気絶しそうなレフェリーを取り囲み、ヘディングしているひとりの女性をラグビーのようにタックルして地面に押し倒している。キャプションには「なんてめんどうくさいルールなの！」。別の場所では、男性たちが「美人ゴールキーパー」に色目を使い、女性たちはハーフタイムに扇であおいだり、お互いの髪を結いなおしたりしている。

エリート層は物笑いの種にしたが、女子サッカーの勢いは止まらなかった。ハニーボールとスミス家は女子サッカーに情熱を燃やす三〇人超の女性たちと活動を進めた。そして二月六日付でスケッチ誌は、女性たちがサッカーをする動機についてインタビューした記事を掲載している。「ミス・ネッティ・J・ハニーボールは幹事／キャプテンで、スポーツをするすばらしさについて一時間あまりにわたって熱く語った。もしエネルギーと情熱が成功を導くことができるとすれば、この組織はすでに勝利が約束されている」とインタビューは始まる。

クラウチ・エンドにあるこぎれいで小さな書斎で、強烈な個性を感じさせる、思慮深そうな若いレディに出迎えられた。私はすぐに、お嬢さんのお遊びではないかという考えを払いのけた。「あなたのおっしゃることも、もっともです」と、クラブ立ち上げの詳細について私とやりとりした呪わしい手紙の束を指してミス・ハニーボールはいった。「でも、ブリティッシュ・レディース・フットボール・クラブは決しておふざけではありません。昨年後半、女性は男性たちが思っているような〝役立たずでお飾りにすぎない〟生き物ではない、ということを証明しようという固い信念のもとに、この組織を立ち上げました。この社会では、男女があらゆる面で分断されてしまっています。それを変えるために、女性たちは解放されるべきである、という信念を私は抱いています。女性たちが議会に議席を獲得し、とくに女性たちにかかわる事柄に関しては、意思決定に女性の声を反映させるべきです」

ミス・ハニーボールのこの意見は、女子チームがたんなるサッカー愛を超えた動機で結成されたことは明確で、心が揺さぶられる。たとえサッカー愛が出発点の動機だとしても、ハニーボールはクラブが目指すところをサッカーの枠に留まらず、視野を広くもって取り組んでいると明言した。女性に対する社会の時代遅れな意識を変え、女性をより解放することへの挑戦のツールとして、サッカーが有効であると彼女は信じていた。フェミニストのレディ・フローレンス・ディクシーには、女性が参政権を得たユートピア的世界を描いた小説『グロリアーナ、または一九〇〇年の革命』（"*Gloriana, or the Revolution of 1900*"未訳）を発表しているが、彼女を巻きこむことによって、このサッカークラブはスポーツ界以上に政治を根本から揺るがす力を持ちうるとハニーボールは考えていた。

将来、男子と女子両方の選手を抱えるサッカークラブが出てくると予想しているか、という問いに対し、ハニーボールはこう答える。「そういうクラブが誕生するまでにはもちろん長い時間がかかるでしょうが、ありえる未来です。覚えておくべきなのは、私たちが男性の強さを否定するわけではないことです。ただ私たちは科学が本当に正しいのかといいたい。私の意見ですが、サッカーは女性たちの健康を促進し、魅力を高める運動にすぎないのです」

このときハニーボールは予想もしていなかっただろう。サッカークラブが女子チームを抱えるまでに一〇〇年以上かかり、二〇二二年になっても男女平等はまだ達成されていないことを。一〇〇年以上前に、ハニーボールと女子の試合にかかわった人たちが見出した女子サッカーの可能性を、現在また多くのブランド、スポンサーと選手たちが見出し、実現のためにがんばっている。

ハニーボールは、クラブの選手たちが観客から浴びせられる野次をものともしない不屈の精神を持っていると確信している、といった。

レディ・フローレンス・ディクシーがクラブの理事長就任を承諾にあたって強調したのは、もしクラブがその目的を本気で達成する気であれば、参加する女性たちは全身全霊で女子サッカーに挑む精神をもって臨むべきだということです。「ふくらんだ袖や裾を引きずるスカートなど自分をおとしめて媚を売るような真似はしないでしょう」と彼女はいいました。私たちはブルーのウール地のニッカボッカをはき、上衣は深紅と淡いブルーのブラウスで、チームを色で見分けがつくようにします。はじめて皆さまの前にお披露目をするときも、たじろいだりする女性はいないでしょう。

私たちは週二回トレーニングを積んでいます。

レディ・ディクシーとハニーボールは女性参政権を求める運動に、それまでも性別不問《ジェンダー・ニュートラル》な服装でのぞんでおり、女子サッカーチームにも同じ原則を持ちこんだ。その点でも彼女たちは時代を先取りしていた。こういう主張に対し男性優位主義を唱える人たちからの反発はつきものだったし、社会規範に逆らおうとする運動を攻撃し、服装によって既存の性別役割を維持していこうとする人たちは当時はもちろん今日にもいる。最近も、玩具や服装によって子どもたちに性別役割意識を植えつけることに対して警告を発する、「おもちゃは単なるおもちゃで終わらない」というキャンペーンが英国で繰り広げられている。一八〇〇年代後半、女性たちは一時代早く、サッカーを通してジェンダー平等を訴えた。

ハニーボールはチームの選手たちを集めるのに苦労しなかった。「若い男性が女性といつわって申し込む」ことを禁止はしたが、広告には一五歳から二六歳までのさまざまな女性たちが応募してきた。ほとんどがロンドン在住者だったが、なかには遠方からの応募もあった。「私は応募してきた女性たち全員を集めてミーティングを開き、すぐに活動を開始しました」とハニーボールはいった。

もちろん誰ひとりサッカー経験はありませんでしたが、私と同様、観戦者としてサッカーを愛していました。つぎの課題はプレーするグラウンドでした。クリケット場のザ・オーバルを管理する団体は、私たちのグラウンド使用を拒み、結局C・W・ドゥ・リオンズ・パイク氏のはからいで、ナイチンゲール・レーンにあるグラウンドで練習し試合をすることになりました。ロンドン中心部からかなり距離がありましたが、天気に関係なく私たちは週二回の練習を欠かさず、長足の進歩を遂げていきました。トッテナム・ホットスパーの有名なハーフバックの選手であるJ・W・ジュリアン氏がコーチとなり、貴重な指導を受けることができました。

「もちろんトレーニングをはじめた当初は、筋肉痛やすり傷を訴える声はありましたが、すぐに不満の声は聞こえなくなり、女性たちがサッカーに注ぐエネルギーには驚かされるほどになりました」とハニーボールはつけ加えた。

スケッチ誌の記事はこう締めくくられている。「ミス・ハニーボールをインタビューしたことをきっかけに、私はブリティッシュ・レディース・フットボール・クラブの練習を見学し、彼女たちの技量がすでに相当のレベルに達していることに驚きを禁じ得なかった。練習見学に出かけた日はあいにく天気が悪く、お世辞にもサッカー日和とはいえなかったが、女性たちははつらつと精力的にさまざまな練習メニューに取り組み、スキルとシュート力がスピードとパワーの不足をおぎなっていた」

最後の一文には上から目線のお世辞がこめられている。二一世紀になった現在でも、女子サッカーは「男子サッカーに比べると、女子サッカーは下手くそだ／スピードがない／スキルが足りない」と批判される。歴史が浅い女子サッカーを男子サッカーと比較して、すべての面で劣っていると決めつけるジャーナリズムの姿勢は、一九世紀後半も現在も変わらない。

時代背景を考えてほしい。女性たちがサッカーをすることは、当時の社会にあった「女性は身体を鍛えるものではない」という社会規範と真っ向から対立していた。男性たちは身体を鍛えて競い合うスポーツにいそしむよう奨励され、日々の生活にそういうスポーツが根づいていた。一方女性たちは、身体を鍛えるとか、人と競い合うことは女らしくないとされ、スポーツが奨励されることもなかった。

だが女性たちは何世紀にもわたって肉体労働にたずさわってきた。農耕が主たる労働であった封建社会で、夫、父や兄弟たちと一緒に成人女性も少女たちも田畑に出て働いた。女性が賃金を得ることは男性にとってはまったく好ましくなかったから、賃金をともなわないもっと「女性らしい」雑用をこなした。

ヴィクトリア朝時代に工業化がはじまると、女性も規模を急拡大した工場をはじめとする製造現場で働くようになり、家庭を出たことで女性の労働はより可視化されようになった。とくに女性が多く働いていたのは繊維関連の工場と炭鉱だ。大量の労働力を必要とした産業界は、賃金を低く抑えられるという理由で女性労働者を求めた。社会は女性に家庭で家事や育児のケア労働にたずさわることを期待しているのに、新しい産業は女性の労働力を渇望していた。社会の期待か経済のニーズか。結局、経済的ニーズが勝った。その結果、女性たちは賃金を得る新たな労働力となり、男性たちから自立するきっかけをつかんだ。

社会運動家で歴史家のルイーズ・ロー博士は、著書『火をつける』（"*Striking a Light*" 未訳）で、一八八八年、オーストラリア、メルボルンのマッチ製造工場、ブライアント・アンド・メイ工場で、女性たちが繰り広げた有名なストライキについて紹介している。「何百人ものたくましい女性たちが腕を組み、歌を歌って気焔を上げ、通りがかりの人たちをののしり蹴散らしながら進んだ。人々を震撼とさせた光景だった」。「人里離れた田舎の出来事ではない。町や都会の通りでのことだ。非常に重要な労働力となっている女性労働者たちの大集団だ」

女性たちは社会に大きく進出し、支配層はそんな女性たちをもう一度家庭に押し戻そうとしたがった。しかし支配階級が好むと好まざると、女性たちは英国経済にとって欠かせない存在であることはあきらかだった。だが工業化が進展するまで、女性たちは社会でもっとも弱い立場に置かれ、農村でひもじい思いをしていても誰も気にも留めなかった。見えない存在だった女性たちが、都会に出て産業を支える労働者となってモノいう存在となったのだ。驚くほどの数の女性が存在していることに、社会は初めて気づいた。支配者層が直面した問題はふたつある。女性と不平等だ。彼らの反応は気が滅入るほど予想どおりだった。「歴史を通してつねにとられてきた完璧な解決策がある。社会問題のすべて――飲酒、ホームレス、子どもの放任――は、母親が一日一六時間働くから起こる。女性が働くことが諸悪の根源とされた」とローは書いたように、女性たちは家庭に戻るように促された。

すでに見てきたように、女性たちは賃労働に従事するようになるずっと以前から労働に従事しなくてはならなかった。家族のひとりが家族全員を食べさせ面倒を見られるだけ稼ぐことができるはずだ、という考え方は、昔もいまも社会に圧倒的に広まっている神話である。奇跡が起きて、雇用者が突然、一家全員を養うに足るだけの賃金を男性たちに支払うようになる、などという日がいつか本当にくるのだろうか？

男性の賃金だけで家族全員が幸せに生きることができれば、女性たちが本来の居場所である家庭に戻ることができる、という神話のために、働く女性は社会悪の根源だと責められた。もし女性たちが家庭にいて、男性たちが仕事帰りにパブに寄らずに家で夕飯を食べるようになると、飲酒の問題はなくなり、労働者階級の家庭は平穏だったのだろうか？　もし男性たちが安定した家庭生活を送れば、売春はなくなったのか？　もし女性たちがフルタイムで子どもたちの世話をすれば、子どもの死亡率は下がったのだろうか？　一九世紀後半の貧困家庭の児童は五歳の誕生日を迎える前に半数が亡くなっていた。近代的女子サッカーが始まった時代は、賃労働にたずさわる労働者階級の女性たちが社会悪の根源にされた時代でもある。

それでは中上流階級の「レディ」はどういう女性だったか？「騒音を立てず、一点のシミもない服を着て、活動も性行為も飲酒も笑いもしないことを意味していた。とにかく黙って静かに座っているだけ。人間である以上当然あるはずの乱れを決して見せず、恐ろしいほど抑圧的な状態に置かれていること。コルセットとクリノリン〔鋼や骨で作られたフープでスカートをふくらませる一九世紀の女性のファッション〕で身動きならないほど身体が拘束されていること」とローは書く。「だから女性がサッカーなんて、身の毛がよだつ。中流階級のレディはローンテニスやクロケットを少したしなむ程度がふさわしい。それならロングスカートを着たままでできるし、大英帝国のために健康なよい子を産むのにふさわしい運動だ。そこが重要だ」

ハニーボール、レディ・ディクシーとともにクラブを発足させた女性たちは、加わったメンバーたちは中上流階級の女性たちで、一九世紀後半におけるあるべきレディの規範をはみ出していると強調した。実際のところは、参加した選手たちの多くは女優やダンサーで、低い階級の出身だったが、建前として中流以上の女性たちであるように見せることが、「伝統」社会に対する抵抗の姿勢を示すのに有効だった。

支配者層の目に、労働者階級の女性たちは粗野で道徳観念がなく、取るに足りない存在だと映っていた。そんな女性たちがサッカーをプレーすると考えただけで、信じられないほど恐ろしい事態だと支配者層が一蹴して話が終わっただろう。そこでもっともすぐれたサッカー選手たちは、中上流階級の既婚女性なのだと示すことにした。上品で、社会的に尊敬されている女性たちがやることなら、批判がかわせるはずだと考えた。

女性参戦権論者としての立場からもそう計算して策を練り、サッカーを政治運動に利用した。私立学校のグラウンドでプレーする上流階級から、工場のチームで楽しむ労働者階級まで、サッカーを愛してやまない人が大勢いる国で、女性の権利獲得運動への注目を集めるためにサッカーを利用することは、ごく自然な流れだった。男性社会に訴える方法として、サッカー以上の手段はないはずだ。

しかし関心を引きつけるためのこういう戦略には、当然リスクがつきものだ。女性参政権論者たちは街頭デモに出るたびに、警官や反対する男性たちの集団に暴力をふるわれたり、性的暴行を受けたりして、激しい抵抗にあっていた。ローはこう書く。

「こういう女性たちは大きな危険にさらされていた。グラスゴーで行なわれた試合で女子選手たちが暴徒に追い散らされたのと同じようなことが、女性参政権論者たちにも起こった。ヴィクトリア朝は紳士淑女が礼儀正しく振る舞っていた時代と見られていたが、女性参政権獲得運動や女子サッカーなど、社会規範の枠を少しでもはみだした女性たちはたちまちレディから格下げされて〝女ども〟のカテゴリーに入れられ、平手打ちしたり、性的暴行を加えたりすることができた。規範から外れれば、女性特権はすぐさま取り上げられた」

ブリティッシュ・レディース・フットボール・クラブの創設記念試合には、一万人以上が観戦に訪れた。「願わくはこれが最後であってほしい」と試合から二日後の一八九五年三月二五日に、ロンドンのイブニング・スタンダード紙は書き、「女性たちがサッカーをしたとするのは、事実に反する」と試合リポートで伝えた。「そこで起きた出来事は、壮大な茶番劇だった」と書いたのはスケッチ誌だ。六〇分の試合を一ページ全面使って報じたリポートで〝北〟チームが〝南〟チームを7―1でやぶったと同誌は伝えた。またイブニング・スタンダード紙は詳しくこう報じている。

プレーした若い女性たちの何人かは、試合とルールについて初歩的な知識しか持っていなかったようだ。このイベントを企画したクラブには、サッカーのプレーで観客を引きつけようとする意図はなかった。スポーツとは関係のない理由でいつまで人を集められるかはさておくとして、土曜日にグラウンドに集まったかなり大勢の人たちが、ハーフタイムで帰ってしまったのはその将来を暗示している。笑いがわきおこったが、娯楽としてはかなりおそまつだ。とても長続きするとは思えない。もしつぎの試合が最初の試合よりも成功するとしたら、それは驚きだ。われわれはこのクラブがまもなく誰にも惜しまれずに自然消滅するであろうと見ている。

女性たちはサッカーのような激しいスポーツのためのトレーニングに耐えられないし、そもそも体格からしてむいていない。女性の最大の魅力であるしとやかさを損なわず、身体をより美しくするのにふさわしい運動に専念してほしいものだ。サッカーは女性たちの品位や優雅さを見せるスポーツではない。クラブは単なる一時の気まぐれで創設され、俗悪な代物であることを露呈した。すてきなシャツやブルーのニッカボッカを着た女性たちは、じっと動かなければたいへんかっこよくて愛らしく見える。だがいったん動きだすとその美しさはすべてが帳消しになる。女子サッカー選手が真剣にスポーツに取り組んでいると見られたいと願っても、その願いはかなわないといわざるをえない。

そこで、だ。女性たちには女性にふさわしい余暇活動と運動をしてもらおうではないか。男性たちと同様、余暇活動と運動は女性たちにも必要だ。しかし、サッカーは女性にとってレクリエーションにも運動にもならない。仮に楽しめたとしても、サッカーをしてもまったく女らしくならない、ということをきっと良識ある女性たちは十分にわかっているだろう。つかみ合うレディなど、ありえない。

誕生したばかりの女子サッカーは、この記事でもまた男子サッカーと比較されている。男性にとってサッカーは新しいスポーツ競技のひとつの基準とみなされていた。興味深いことに、女性がサッカー競技にむいていないのは力強さが足りていないからだと判断される一方で、男性の目線で見た女性らしい身体的魅力が出せないからだと断じている点だ。彼らが考える女性にふさわしいのは、しとやかさや女らしい身体的魅力を損なわずに健康維持ができる運動なのだ。

一八九五年に発足したブリティッシュ・レディース・フットボール・クラブはしかし、早々につぶれるに違いないという予想を裏切った。それから四カ月間にブリストルのアシュトン・ゲート・スタジアムからベリーのギッグ・レーンへ、グラスゴーのスプリングベール・パークからマン島のファルコン・クリフへ、と国内各地をまわるツアーを行ない、各地で何千人もの観客を集めた。

しかし一八九六年のシーズン開幕頃には、メディアの興味は薄れてチームは分裂していった。ゴールキーパーのミセス・グラハムがハル・デイリーメール紙に語ったところによると、ライバルチームが発足し、レディ・ディクシーがスポンサーをやめたという。レディ・ディクシーはふたつのチームどちらもが自分の名前を使用することになったことを理由に、支援を打ち切った。だが女性たちは国中をめぐるツアーを続け、ときには男性が数合わせでメンバーに入ることもあった。最後にメディアにブリティッシュ・レディース・フットボール・クラブの名前が登場するのは、一九〇五年のノーフォーク・クロニクル紙で、女子チームが「より強い性」と宣伝されたおそらく男性のXI《イレブン》と対戦するという慈善試合の予告だった。

一九〇〇年代初めは女子サッカーにとって冬の時代だった。女子サッカーの試合は縁日や園遊会などの機会にたまに開催される程度で、たいてい男子チームと対戦した。「昨日午後ブラックプールで、とりわけ楽しい大賑わいのサッカーの試合が開催された。〝レディース〟と〝ジェントルメン〟の対戦だ」と一九〇六年一月一一日付のハートルプール・ノーザン・デイリーメール紙はそういう試合の模様を伝えている。「〝レディース〟チームのメンバーはけばけばしい衣装で派手に装ったいかつい男性たちで、対する〝ジェントルメン〟のメンバーも負けじと滑稽でグロテスクな衣装でプレーした。試合は観客を笑わせる喜劇の要素が多分に盛り込まれていたものの、ルールをきっちり守って公正に行なわれた。審判は警官の制服を着ていて、〝レディース〟にやさしいジャッジをした。結局、〝レディース〟チームが3－1で勝利した」

この冬の時代に、女子サッカーの公式試合はほぼなくなり、スポーツというよりエンターテインメントに成り下がってしまった。女子の試合は観客を楽しませるレベルにいく前に終わったかと思われた。ところがこの冬の時代を超えると、女子サッカーはサッカー界だけでなく社会基盤さえも揺るがし、地殻変動を起こす力を見せつけるようになる。

第3章 ディック、カー・レディース

一九〇〇年代初頭の一〇年間、女子サッカーは話題になることがなく、暗闇に追いやられていた。ところが戦争で変わった。一九一四年に始まった第一次世界大戦が女子サッカー勃興を促すなど、いったい誰が予想できただろうか。

英国で女性たちは一九〇〇年代初期までにテキスタイル産業に集中していたとはいえ、すでに経済を支える重要な労働力となっていた。そして戦争によって製造現場における女性労働者数は飛躍的に増えた。以前、女性にはふさわしくないとみなされていた肉体労働にも女性たちは従事するようになった。そんなすべてが女性たち自身だけでなく、一般社会の女性たちへの視線にはかりしれないほど大きな影響を与えた。

一九一六年に徴兵制が導入されると、労働現場の革命はいっそう進んだ。一九一八年までに軍需工場は女性労働者が働く最大の産業となった。女性が製造現場で働くこと、とくに肉体労働に従事することに対する抵抗は、一気に薄れた。一八歳から四一歳までの健康な男性たちが欧州大陸の戦場に送りこまれ、政府はその穴を埋めようと女性労働者を徴用した。

ほかの国々も同様だった。ドイツでは一九一七年までに一四〇万人の女性たちが戦時の労働力の一端をになった。弾薬を製造するクルップの工場に、一九一四年には女性従業員はひとりもいなかったが、三年たつと三〇パーセントの労働者が女性で占められた。一九一七年四月に参戦する前から、アメリカでは何千人もの女性たちがボランティア・グループを結成し、戦場となった欧州の犠牲者たちに向けた物資支援と人的な救援活動に乗り出した。アメリカ人看護師が英国、セルビア、ロシア、フランスとドイツで働いた。アメリカが正式に参戦を表明すると、アメリカ女性たちは前線に向かった男性たちに代わって職場に進出し、また社会の抵抗はあったものの、陸軍と海軍に従軍し、看護師と電話オペレーターとして任務についた。

それまで男性の職場だった工場だけが、女性を穴埋めとして採用したわけではなかった。英国では女性たちが鉄道保安員、集札係、郵便局職員として働き、警察に代わる女性パトロール隊を結成し、バス運転手と車掌になり、銀行の窓口に座り、公務員となり、農業労働に従事した。女性の職場進出は、社会をゆっくりと違和感なく変えていったわけではない。社会における女性の役割と位置づけは、突然パラダイムがひっくり返る勢いで変化した。昨日まで家庭で家事と育児に専念しろと言われてきた女性たちは、翌日には政府と支配者層から戦時体制維持のための使い捨て労働力になれといわれた。

すべての女性が労働力と見なされるようになったことで、社会悪は女性が外で働くからだと主張することはしだいに困難になった。それでも社会階層はまだはっきりと分断されていた。労働者階級の女性たちは主として生産現場で働き、中上流階級の女性たちはボランティアで軽い仕事につくことに熱心だった。たとえば警察の仕事や負傷兵支援のための募金集めや、病院でのボランティアや職場で監督者として働くことだ。人数としては少なかったが、志願兵部隊を結成し、欧州大陸まで救急車を運転して負傷兵の応急処置を施し、戦場近くで食糧供給所を開設した女性たちもいた。中上流階級の女性が働く動機は愛国心からで、政府からつぎつぎと繰り出されるプロパガンダが彼女たちの労働意欲をかき立てた。だが働くことが彼女たちに、家庭に閉じこもっていた以前の生活では味わえなかった刺激と興奮をもたらしたことも確かだ。

その結果、英国の女性たちは歴史上ない規模で労働力となった。突然にふくれあがった女性労働者たちの間には友情と結束が生まれ、女性たちは労働組合を組織するまでになった。男性たちの穴埋めとして労働市場に参入したにもかかわらず、男性に比較するとはるかに低い賃金しか支給されず、同じ権利も労働環境も与えられていなかったからだ。戦争によって女性参政権運動は一時棚上げされていたが、愛国心とプロパガンダだけでは、女性たちの間で起こった同一労働同一賃金を求める闘いを抑えることはできなかった。

アメリカでは一九〇九年に、ニューヨークでテキスタイル産業に従事する二万人の女性労働者がストライキを繰り広げた。一九一七年の国際婦人デーにサンクトペテルブルクの、やはりテキスタイル産業に従事する女性たちが打ったストライキは、街の大半の工場の操業を止めるまで大規模に広がり、結果としてロシア革命を引き起こすきっかけとなった。他国の女性たちの労働運動に刺激を受けて、一九一八年戦時中の英国でも、ロンドンでバスや路面電車の仕事をしていた女性たちが、男性と同じ額のボーナス支給を要求してストライキをした。英国では初めての男女同一賃金を求めるストライキである。

そういう時代背景が、女子サッカーを復活させた。最前線で戦う兵士たちにとっては当然士気が重要だったが、母国で戦争を支える人たちにとっても士気を高めることが重要だった。誰もが戦争に貢献しなくてはならない。政府や組織のボスたちは新しい労働力となった女性たちのやる気を引き出し、気持ちよく生産的に働けるよう職場を盛り上げていかねばならなかった。そこで支配者層は、社会であらたな力を獲得した大勢の女性たちが、かつて彼らが女性にはふさわしくないとみなしていたサッカーに興じるのを大目に見られるようになった。加えて女性たちがサッカーをプレーすることの最大の障壁とされていたことが、この時代には通用しなくなった。女性たちはいまや男性たちが従事していたのと同じ、危険をともない、頑健な身体を必要とする労働についている。サッカーは身体的に女性に向いていないとする根拠は意味をなさなくなった。

イートン、ハローやウィンチェスターのような私立学校で行なわれていた競技を、支配者層が「アソシエーション・フットボール」としてルールと形式を整えた。やがて労働者階級の男性たちが、工場やパブの仲間とチームを作ってプレーするようになり、大衆化して現在のような形式で競技が行なわれるようになった。第一次世界大戦勃発までに男子サッカーは発展し、プロリーグが発足し、観客を入れて楽しむ人気スポーツとなっていた。工業化によって労働時間が定まり、自由時間が生まれ、労働者たちは街に移り住んで、地方での肉体的にきつい仕事から解放された。そこでサッカーは余暇に楽しめて健康に役立つとされて、人気の趣味となった。

男性たちが戦争に駆り出されると、今度は女性たちも同じように余暇にサッカーを楽しむようになり、上司も支配者層もそれを奨励した。昼休みにサッカーをするようになった女性たちは、やがて職場ごとにチームを結成し、国じゅうに女子チームが生まれた。とくに、もっとも危険度が高く緊張を強いる職場である軍需工場が、女子サッカーの普及を中心となっていった。

英国の過去の新聞記事をめくると、女子サッカーを白い目で見ていた社会が、急転直下、奨励するまでになったことがわかる。一九一三年から一九一五年の間に、女子サッカーに言及した記事は平均年八本しかなかった。一九一六年には二三本に増え、翌年は三一八本、一九一八年には二七六本と急増している。

たとえばシェフィールド・デイリーテレグラフ紙は、一九一六年一二月二七日付で、街にある軍需工場の労働者たちの試合リポートを報じている。「おもしろいサッカー」というキャッチフレーズで書かれた記事は以下のようにまとめられている。

偉大な戦争〔第一次世界大戦〕は男性、女性両方の慣習をさまざまに大きく変えた。レディたちのサッカーの試合が有料の観客を一万人近く集めるようになるとは、三年前に予言したらとんでもない冗談だと鼻で笑われただろう。しかし時代は変わった。いまや女性たちはほとんどすべての産業分野で働いていて、戦前には「男性限定」だったはずの職場でも大勢の女性たちが働いている。そしてついに彼女たちはサッカーにも進出した。

昨日午前、カーブルックにあるビッカーズ・スポーツのグラウンドで、ビッカーズ株式会社〔一八二八―一九九九年まで存続した英国の重工業メーカー〕の軍需品製造に従事する女性労働者たちが結成したチームが試合を行なった。対戦したのは、ロケット爆弾製造部門の東チーム対南チームだ。試合開始のかなり前から、大勢の群衆が徒歩と路面電車で集まってきて、キックオフ時には収容人員いっぱいの一万人を超えるほどになった。試合を主催し、主審をつとめたのはアルフレッド・プレストン氏で、その采配ぶりは見事だった。Cスミス氏とSスミス氏のふたりが線審をつとめた。試合の数週間前から、シェフィールドの軍需工場で働く女性たちがチケット販売をがんばったおかげで、一〇〇ポンドを超える金額が傷病兵救援基金にわたると期待される。女子選手たちがピッチに登場するやいなや、観客から大歓声があがった。南チームは赤、東チームはアストン・ビラのチームカラーのユニフォームだった。ミセスJ・W・ロビンソンのキックオフで試合ははじまり、すぐに試合は白熱した。試合展開を詳細に描くことはよけいだろうが、ハーフタイムまでどちらも得点をあげられなかった。後半に入ると、どちらのチームに点が入ってもおかしくなかったが、ミス・ネリー・マーシャルがゴールキーパーの届かないところにボールを蹴りこんだとき、東チームの運はつきた。観客たちはゴールにどよめいて大騒ぎだった。南チームは試合終了のホイッスルが吹かれるまでリードを保ち、その結果1―0で南チームが勝利した。

アルフレッド・プレストン氏が〝公式〟に主審をつとめたが、ファウルはほとんどなく、線審のCスミス氏とSスミス氏はライン際を忙しく走った。七〇人の傷病兵が招待され、ほかの観客たちと一緒に試合を楽しんだ。

一八〇〇年代後半に行なわれた女子サッカーの試合に厳しい批判の視線が注がれたのと比べると、この試合リポートがなんと様変わりしていることか。男性たちが戦争に赴き、女性を労働者として受け入れる必要に迫られたことによって、女子サッカーに対する社会の視線が大きく変わったことが記事からうかがえる。男子のプロリーグが活動停止していた戦時中を通して、女性たちはプレーを続け、男性と女性は一緒に試合を観戦した。

なかでもっとも有名だったのが、プレストンにあるディック、カー工場で結成されたチームだ。もともとは鉄道や路面電車を製造する工場だったが、戦時中は軍需工場に転換し、航空機や蒸気機関車の製造も手がけるようになった。一九一七年までに工場は一週間に三万発という驚くべき大量の弾丸を製造するまで生産能力をあげた。

この期間に悲しみを経験しなかったものはいない。軍需工場で働く多くの女性や少女たちが兄弟、父親や夫を亡くした。働く女性たちの士気を高めることが必要だった。国じゅうの工場で、働く女性たちの気力を奮い立たせ、生産性をあげるためのツールとなったのがサッカーだ。ディック、カーで働く女性たちも、お茶と昼食の休み時間に男性たちと一緒にサッカーを始めた。

「男性たちが混じるといい結果が出なかった。ある日、女の子たちの堪忍袋の緒が切れて、また試合に負けたあとに、グレース・シベットがついに男性たちに引導を渡した。『あんたたちは自分たちがサッカーチームだって言うけれど、あたしたちのほうがずっとましだよ』。男性たちはむっとしてプライドが傷ついたので、それでは男性対女性でちゃんとした試合をやろうといいだした」。ディック、カー・レディースの歴史を調べ、「彼女たち自身のリーグで」（*"In a League of Their Own"* 未訳）を著したゲイル・ニューシャムは言う。

「グレースは男性たちが、男性対女性で試合をしようといいだすことを読んで挑発し、女の子たちをひとつにまとめた。試合の結果は誰も知らないのだけれど、私は女の子チームが勝ったと思いたい。知らないけれどね」とニューシャムは笑った。

最初の試合のあと、傷病兵が治療を受けている陸軍病院の看護師長がディック、カー工場に、兵士たちがクリスマスを過ごすための資金集めを、女性労働者たちに手伝ってもらえないかと申し入れた。最初、看護師長は慈善コンサートを提案したが、女性たちは慈善試合をしたらどうかと考えた。それが、女子サッカーの歴史でもっとも重要なチームのひとつが誕生するきっかけとなった。

悲しいことに、グレース・シベットは結核にかかってグラウンドでプレーを続けることができなくなったが、彼女が企画した最初の練習試合でプレーした何人かが、一九一七年のクリスマスに、ディープデールにある男子チーム、プレストン・ノースエンドFCのメインスタジアムで開催された慈善試合に出場した。試合の記録は残っていない。(今日にいたってもなお、偉大な業績をあげた女子チームの記録がスタジアムに残されることはめったにない。)

アルフレッド・フランクランドは工場の事務所に勤務しており、ディック、カー工場でスポーツ委員をしていた。ある日彼は、事務所の窓から女性たちが昼休みにサッカーをしている様子を見ていてひらめいた。これはビジネスチャンスではないか。マーケティングのセンスを持ち、それを実現するすぐれた実務能力があったフランクランドは、チームを組織し、残りの人生をその発展のために捧げることになる。

クリスマスに行なわれた慈善試合には、なんと一万人が集まり、傷病兵のために六〇〇ポンド(二〇二〇年の四万三〇〇〇ポンド弱に相当)を集めることができた。クリスマスの翌日に掲載されたランカシャー・イブニングポスト紙の試合リポートは女子チームに非常に好意的だ。戦時下において、女性労働者の価値が広く認識されたからだったろうし、負傷した貧しい男性たちを援助する手法が新しかったからでもある。

昨晩ディープデールで開催されたレディース・サッカーの試合を一万人の観客が見守った。対戦したのは軍需工場ディック、カーとクルサードだ。スタジアムの外観はかなり時代を感じさせた。チケット販売による収益はムーアパーク病院に寄付されることになっており、病院は思わぬさずかりものを得た。グラウンドでは傷病兵たちもいっしょにチケットのチェックを行なった。選手たちは試合に備えて厳しいトレーニングを積んできたことがうかがえた。両チームとも正統的サッカーのユニフォームを着て、標準的なシューズをはいていた。クルサードは赤と白、ディック、カーは黒と白のストライプで、粋な帽子をかぶっていた。コルセットをつけるのは禁止された。外見だけからの判断だが、ディック、カー・チームのほうがスポーツウーマンらしく鍛え上げられており、いくぶんか有利に見えた。ミス・ホリンズのキックオフで試合ははじまった。

クリスマス・ディナーを楽しんだあとにスタジアムにやってきた観客たちは、みな上機嫌で戦時下での新しい興行を楽しんだ。最初は選手たちのなかに照れくささからかくすくす笑っているものもいたが、浮ついた様子はすぐに消えて真剣勝負が繰り広げられた。ディック、カーのほうが緊張から解放されるのが早く、広い視野を持って試合の主導権を握った。スピードもサッカーの質もディック、カーに一日の長があり、サッカー選手らしい〝屈強〟な印象を与えた。彼女たちが放つシュートはプロ選手並みのスピードと強さで、コースさえ適切なら「惜しい！」といわれるほどのシュートもあった。フォワードは目を見張るほどの質の高いプレーを見せ、見事なボールコントロールでのコンビネーション・プレーは注目に値した。一方のクルサードはディフェンスが強く、ゴールを決して割らせまいと激しく闘い、ゴールキーパーも際立つ働きを見せた。だがフォワードが悲しくなるほど貧弱で、ディフェンスの頑張りに応えず足を引っ張った。

試合はすべて秩序立って行なわれた。両チームともピッチに入場後に写真撮影を行ない、シュート練習をして、キャプテンはコイントスでエンドを決める前に握手で互いの健闘を誓った。最初、どうせ女子の試合だからと軽く見ていた観客たちは、キックオフ直後からそのスピードが想像以上であることに驚き、選手同士が激しくボールを取り合ってどちらかが倒されたりすると、「なんてことするんだ！」と野次を飛ばしたりもした。だがレディたちが真剣に仕事に取り組み、「試合をする」姿勢を正しく身につけていることがわかってくると、どちらのチームも公平に応援し、いいプレーには歓声をあげるようになった。試合開始五分でディック、カーのミス・ホイットルがゴールし、ハーフタイムに入る前にミス・バーケンズが一五ヤード手前からバーの下ぎりぎりのところにミドルシュートをたたきこみ、その後ミス・ランスが追加点をあげた。前半防戦一方だったクルサードは、ハーフタイム後に元気を取り戻したものの、ゴールまでに至らず観客をがっかりさせた。試合終了まであと数分というところで、クルサードはＰＫを獲得したが、ボールはまっすぐキーパーのところに飛んでキャッチされた。

ディック、カーは後半にもミス・ランスがクルサードのディフェンスを置き去りにしてドリブルで持ちこみ、バックスを翻弄してシュートして観客を喜ばせた。ディフェンスの選手の一人が跳ね飛ばされたとき、ジョン・ルイス主審は笛を吹くかどうか迷って、おそらく彼の公式なキャリアではじめて窮地に陥った場面はあったが、ルールにきっちりと従って試合を仕切った。

女子サッカーに対する見方が変わっていることを示し、試合が慈善目的であることにふれた点に加えて、この試合リポートが女子サッカーをスポーツとして認めていることも印象的だ。女子サッカーに対する視線が変わったのは、単にメディアや大衆が、女性ではなくサッカーを見る試合だと気づいたからか、それとも時代が進んで近代社会が女子の試合をサッカーの文脈で理解できるようになったからか。どちらにしても試合には圧倒的に好意的な称賛が寄せられ、この試合をきっかけに女子サッカーのブームがはじまった。第一次世界大戦前に設立された女子チームとは異なり、ディック、カー・レディースや他の工場労働者のチームは消滅するどころか、すでに確立していた男子サッカーを揺るがすほど人気とパワーを獲得していく。

フランクランドが設立したチームは一九六五年まで存続した。ふたつの大戦をくぐり抜け、マネージャーの彼よりも長く生きた。イングランドサッカー協会（以下ＦＡ）が女子チームにグラウンドを貸すことを禁じるなどの措置をとり、世界のほかの国々の協会もそれにならって女子サッカーを冷遇するようになっても、ディック、カー・レディースは屈しなかった。

第4章　慈善興行

戦争が終わると、戦時中に女性たちが社会に与えた影響が、政治の場に反映されるようになった。デイヴィッド・ロイド・ジョージ首相は女性労働者たちが多大な貢献をしたと称えてこういった。「この国の女性たちが戦時中、技能、情熱と意欲を持って産業の発展に尽くしてくれなければ、われわれは勝利を手にすることはできなかったであろう」

法改正が始まった。一九一八年、選挙制度を改革した国民代表法が議会を通過し、男性は資産の有無に関係なく二一歳以上であれば選挙権が与えられ、一定の要件の資産を有していれば（夫が有しているのも可）三〇歳以上の女性にも選挙権が認められた。この法改正によって、八四〇万人（五人中二人）の女性に選挙権が与えられたが、戦時中に多大な貢献をした労働者階級の女性の大半は、国の民主的プロセスへの参加が許されなかった。女性が選挙権を得る年齢が二一歳まで引き下げられ、資産の制限がなくなるまでもう一〇年待たねばならなかった。

女性の参政権を認める議会（女性の資格）法も一九一八年に成立し、女性は議員に立候補できるようになった。不可解なことに、被選挙権下限は二一歳以上と選挙権よりも低い年齢に設定されていた。立候補した最初の女性は、アイルランド革命の闘士であるコンスタンツ・マルキエヴィッチ伯爵夫人で、一九一六年イギリスからの分離独立をかかげたイースター蜂起に荷担した罪状で、ホロウェー刑務所に投獄されている間に議員となった。アイルランドのナショナリズム政党であるシン・フェイン党の議員として、彼女は英国議会の議員となることを拒み、ドイル・エアラン（アイルランド議会下院）の議員として、欧州初の女性閣僚となった。女性参政権運動を母とともに繰り広げてきたクリスタベル・パンクハーストは、同じ年に行なわれた選挙に立候補したが惜しくも落選した。一九一九年の選挙では保守党で立候補したナンシー・アスターが庶民院ではじめて議席を獲得した。〔ナンシー・アスターは、庶民院の議員だった夫のウォルドーフ・アスターが貴族の爵位を継いで貴族院に移ったあと、庶民院で夫の議席を継いだ。ユダヤ人差別主義を唱えナチズムに傾倒したことで一九四五年に議会を追われた〕

一九一九年一二月に、公務員や裁判官の職につくことを、性別を理由に拒むことを禁止する性的失格（削除）法が可決された。このように政治の場での変化はあったが、男性と同等の権利獲得をめざす女性たちの闘いは、なおも多くの壁に阻まれていた。

男性たちが戦争から帰還すると、女性労働者は職場を追われて、働く女性の数は戦前の水準まで戻った。当時、軍需大臣だったウィンストン・チャーチルは、「女性労働者たちを何千人もさっさと片付ける決心をしたことは感心だ」と恥知らずにも軍需工場を称えた。戦後、女性たちの一時解雇がもっと広がり、「私に責任が降りかかってきて、都合の悪いコメントを山と出さなくてはならなくなる」より前に、雇用者たちが解雇に踏み切ったことをチャーチルはほめたわけだ。

戦時中に英国の女性労働者たちは、ロシアの革命的な労働運動に刺激を受けてストライキを打った。そのとき政府は女性の賃金について調べ、戦後報告書を発表した。報告書では同一労働同一賃金に好意的な見方を示し、労働組合は熟練度が同程度の労働者には、性別に関係なく同じ賃金を保障しようとしていたという。しかし女性たちは一般的にまだ弱い性とみなされており、男性と同等の労働ができるとは考えられていなかった。その点が雇用者にとって賃金で男女格差をつける抜け穴となっていた。

一方でアメリカは、大戦の戦場から物理的に距離があったために、男性たちが徴兵されたあとを女性が埋めるようなことはほとんどなかったし、そもそも参戦したのが一九一七年になってからと遅かった。だから英国に比べると変化は緩やかではあったが、それでも社会は変わっていった。

アメリカの社会活動家、マーガレット・サンガーは一九一六年、ブルックリンにアメリカ初の家族計画と産児制限のための診療所を開設し、避妊についての情報を提供したが、即座に猥褻文書を配布した罪状で逮捕され三〇日間矯正施設に収容された。一九一八年、サンガーは裁判で勝訴し、医師が産児制限についての情報を提供できるようになった。彼女の診療所はやがて家族計画連盟という国際的な非営利組織となり、今日では性にかかわる健康医療を六〇〇の診療所で展開している。

アメリカでも一九二〇年に性別を理由に市民の選挙権を否定することを禁じるアメリカ合衆国憲法修正一九条が可決された。女性たちは抗議デモやハンガーストライキ、逮捕監禁などで闘い、何年もかけて選挙権を獲得した。（ただし、アフリカ系アメリカ人とネイティブ・アメリカンの女性たちには、一九六五年の投票権法が可決されるまで選挙権は与えられなかった。）選挙権を獲得したあと、女性議会合同委員会が設立され、一二〇〇万人の女性たちの代表として議会に声を届けるようになった。この委員会は、社会に欠かせない新しい労働力となった女性たちが、産休と育休を取得できるよう連邦資金を使う法律の制定をめざした。。それは画期的な運動だった。女性たちの生殖に関する健康を守ろうという法律は、はじめは州ごとに、また地域ごとの草の根レベルで制定されたが、国全体に広める計画はわずか九年で頓挫した。あまりに過激だと考えられたためである。

一九二三年に最初の男女同権法がアメリカで導入された。「男性と女性はアメリカ合衆国じゅうの司法権が及ぶいかなる場所においても、同等の権利を有する」という法律である。女性たちは働き、労働の対価として正当な賃金を得る必要があった。一世紀後の現在も女性たちはその権利を必要としているが、当時アメリカでこの法律ができたことは、アメリカだけでなく大戦後の厳しい社会を生きていた世界じゅうの多くの女性を救った。

欧州では働き手だった男性たちの多くが戦死したために、働いて一家を支えねばならなくなったシングル女性の数が急増していた。女性たちは多くの困難に立ち向かわねばならなかったが、戦時中に社会で働くことを経験した女性たちはくじけなかった。そして女性たちは、働く場所を奪われまいとするパワーで、戦時中に味わったサッカーをする喜びを奪われることも拒んだ。

ディック、カー・レディースをはじめ、戦時中に結成された女子サッカーチームは戦後もサッカーを続けた。女性たちの慈善目的の試合は何千ポンドもの収益をあげた。サッカーの質は向上し、資金を集める能力も上がって、国内から試合開催の申し入れが引きも切らずあった。プレストンに根拠を置くディック、カー・レディースは一九二一年に六七試合も興行したが、それでも多くの申し入れを断らなくてはならなかった。慈善団体、病院、地方の首長たちは、ディック、カー・レディースの試合が慈善興行として最大の観客を動員できて、もっとも多くの収益があげられるとよく知っていた。彼女たちのサッカーはほかとはひと味ちがう質の高さを誇っていた。戦傷者の支援が社会の大きな課題だった戦時中と終戦直後に、女子サッカーの慈善興行は大きな役割を果たしていた。

しかしなぜ女性たちの慈善試合に大勢の人たちが集まったのだろうか？　ひとつには物珍しさがあったのだろう。バーネット・プレス紙は一九二一年一一月の記事で、クラブのなかには観客動員数を増やし、世間の注目を集めるために、物珍しさを最大限利用しているところがある、と皮肉っている。記事ではバーネット・ブレイザーズ・レディース・フットボールクラブという、本当に存在したかどうかわからないクラブの規約をおもしろおかしく以下のように紹介している。

1．当クラブはレディだけが所属し、女装したものは入れない。

2．ブルーのシルク地のニッカボッカとブラウスがユニフォームであるが、格好悪いのでシンガード（脛当《すねあ》て）はつけない。

3．背が高くスタイルのよい女性が好ましい。クラブの紹介写真で見栄えがして、入場者数を増やすのに役立つからだ。

4．足元に不安があるメンバーは、専属トレーナーがついて訓練する。

5．サッカーの試合は組織だったチームプレーに徹し、タックルして髪が乱れたりするラグビーの試合のようなプレーは、見栄えが悪くなるので避ける。

6．試合中に味方に汚い言葉――「ヘナチョコなパス出すんじゃねえ！」「ケツ蹴飛ばしてやろうか！」「転ばすぞ」――を使った選手は、罰金を支払うまで出場停止とする。

7．コーナーキックはすべてハーフウェイラインから蹴る。

8. ゴールキーパーは髪をアップにしてネットをかぶったりしてはいけない。
9. すべての選手はフィールドで主審に飛びついたりしてはならないが、試合後はハンサムな主審に言いよるのを禁じるものではない。
10. ひとりの選手がボールを蹴るとき、ほかの選手がそれを邪魔したり、シュートを防いだりするのはレディらしくないので禁止する。
11. 二点続けてゴールするのは不正だし非レディ的プレーだ。両方のチームが順番にゴールすることで、不正と疑われるのが避けられる。
12. ボールにさわっていない選手は優雅な姿勢で立ち、控え目な表情を浮かべているのがふさわしい。
13. 雨が降ったら試合は中止。
14. ボールが汚れたらすみやかに臨時のメッセンジャーに預けて「オールド・ダッチ・ラウンドリー」で洗い、戻ってくるまで試合は中断する。
15. 一〇分ごとにティータイムをとり、ハーフタイムにはココアをふるまう。
16. 出場メンバーは試合当日、精一杯おめかしをすること。おしゃれなニッカボッカとかわいいブラウスの型紙がキャプテンから渡される予定である。
17. バーネット在住のすべての花婿候補にクラブからマッチデープログラムが送られ、試合観戦して盛り上げるよう促している。

サッカーファンが女子の試合に大勢集まったのは、単なる物珍しさを超えて、男子のプロリーグが中断している期間に、どんなサッカーでもいいから試合が見たいという人が多数いたからだ。戦争は地域コミュニティを根本から変えてしまうほどの大きな影響を及ぼした。誰もが戦争のためにひとつになり、終戦後もしばらくはその思いは消えなかった。

「試合観戦に訪れる動機として、最初は物珍しさがあったでしょうが、愛国心から足を運ぶ人も多かったのです。英国の人々はぎりぎりまで追い詰められると、コミュニティとしてひとつにまとまり、誰もがお互いを支え合うようになります」とディック、カー・レディースを調査研究したゲイル・ニューシャムはいう。

そこで大衆は女性たちの試合に足を運びつづけた。試合を重ねるごとに、女性たちはテクニックも試合運びも上達していき、チームの評価は高くなって、収益だけでなくピッチにおけるプレーの評価も上がっていった。

ニューシャムはいう。「一九九〇年代、私が調査を始めたばかりのころにインタビューした年配の男性が、ナイターで行なわれた一九二〇年の試合に行ったときの話をしてくれたことがありました。そのころのナイターは探照灯のもとで行なわれていたそうです。彼は、頭ひとつ抜けたすばらしい選手はキャプテンのアリス・ケルだと教えてくれました。驚いたのは、そのころの女子サッカーのレベルが高かったことをいまだに彼が記憶していたことです。やはり一九二〇年代に試合観戦に通ったという別の男性は『ただいい試合を見たかったからね』といいました。女性を見たいとか、女の子がショーツをはいている姿に魅かれたというのではなく、ただいいサッカーが見たいという気持ちで人々は女子サッカーの試合観戦にやってきたのです」

ディック、カー・レディースが〝レベルの高いサッカー〟を見せていたことは、コベントリーと対戦した試合リポートを報じた、一九二一年九月一日付のダービー・デイリーテレグラフ紙の見出しであきらかだ。「冷やかしから喝采へ」という見出しがついたその記事には、「リリー・パーが巧みなフットワークでディフェンダーをふたり抜き去り、驚くべき力強さでゴールを叩きこんだとき、ファンたちは女子サッカーの見方を変えた」とある。

この試合でディック、カー・レディースはメイヤーズ病院基金のために六〇〇ポンド（現在の三万ポンド、約四九〇万円相当）を集めた。試合球を三七ポンド（約一八五〇ポンド、三〇万一五〇〇円相当）で販売した金額も含まれる。一試合で集めた寄附金としては高額だった。

九月六日付のダンディー・イブニングテレグラフ紙は、ディック、カー・レディースが「これまで慈善興行試合で四万七〇〇〇ポンド（現在の二四〇万ポンド、約三億九一二〇万円に相当）を集めた、として以下の記事を掲載した。

ディック、カー・レディースでレフトウィングをつとめる一六歳のリリー・パーは、この国でもっともキック力のある女性だ。ディック、カー・レディースには、走る、跳ぶといった陸上競技から水泳、テニス、ホッケー、ボクシングまでいくつものスポーツ競技に秀でた選手たちが揃っている。ミス・ウォーカーとミス・ウッズは短距離走一〇〇ヤードの記録保持者だ。チームはこれまで銀杯を六回、金メダルを二回獲得した。またさまざまな記録も打ち立てた。

1．一シーズン無敗記録
2．最高ゴール記録。昨シーズンは395ゴール
3．最小失点数記録。昨シーズンは16

リリー・パーとチームメイトはこの時代の有名人だった。得点能力が高いパーはチームの看板選手だったが、もちろん彼女だけがスターだったわけではない。センターフォワードのフロリー・レッドフォードはパーに負けない破壊力を持つシュートを打った。一九二一年のフランス遠征でフランクランドは、同国のスターだったカルメン・ポミーズに惚れこみ、口説いてチーム入りさせた。

戦争が終わると、女子チームは慈善興行試合の目的の幅を広げた。戦時中に国有化されていた炭鉱業が一九二一年四月に再び民営化されると、大幅な賃金カットを拒んだ炭鉱夫たちはストライキを組んだ。食べることができなくなれば職場に戻るだろう、と目論んだ会社は意図して賃金支払いを拒んだために、ロックダウンが三カ月続くなか、炭鉱の町の人々は飢餓に苦しめられた。ディック、カー・レディースをはじめとする女子サッカーチームは、寄附金集めの趣旨を傷病兵支援から、大きな打撃を受けている炭鉱の町や村の支援へと変えた。選手たちの多くがそういう地域の出身だったからだ。フランクランドが率いるディック、カー・レディースはウェールズのスウォンジーやカーディフ、スコットランドのキルマーノックという炭鉱業の町をまわった。

一九二五年、キルマーノック・ヘラルド・アンド・ノースエアーシア紙はこう報じている。「ディック、カーの少女たちは、プレーだけでなく慈善興行で集めた寄附金で画期的な記録を作った。今まで彼

女たちは退役軍人の組織や病院などのために八万三〇〇〇ポンドという目を見張る寄附金を集めてきた。レフトウィングのミス・リリー・パーは実にすばらしい選手で、もし英国のサッカー協会が許すならば、プロの一部リーグでも活躍できる力をまちがいなく有している」

当時の八万三〇〇〇ポンドは現在の五一六万ポンド（約八億四一〇〇万円）以上だ。めざましい集金力である。チームが大金を集めることと掲げている支援の目的は、サッカーの運営組織と支配層の注意を引いた。好意的にとらえられるばかりではなかった。サッカーファンから大金が入ってくることを彼女たちは止められない。掲げられている支援の目的を、彼女たち全員が必ずしも支持していたわけではない。だが集まる高額な寄附金と慈善試合の目的が、狂気じみた反応を引き起こし、女子サッカーは当時誰ひとり想像もしていなかったような事態へと引きずりこまれていった。

第5章 禁止令

第一次世界大戦が終わり、男性たちが戦場から帰還すると女性たちの多くは職場を追われて家庭に戻り、一九一五年から一九一九年まで中断していた男子サッカーの試合も再開した。それでも女子サッカーは一九二〇年代に入っても人気を集め、ディック、カー・レディースは先頭に立ってブームを牽引していた。

一九二〇年、チームはアリス・ミリア〔一八八四―一九五七年。フランス人フェミニスト。国際女子スポーツ連盟を組織し女性の近代オリンピックへの参入に多大な貢献をした〕が率いるフランス代表チームと、マンチェスターのディープデールとストックポート、そしてチェルシーFCのホームスタジアムであるロンドンのスタンフォード・ブリッジで試合をした。ディック、カー・レディースはその後フランスに遠征し、パリ、ルーベ、ルアーブル、ルーアンで試合をした。大勢の観客を集め、大成功をおさめて海外遠征から帰国したチームは、クリスマス翌日のボクシング・デーに、ライバルチームであるセント・ヘレンズRFCとエヴァートンFCのホームスタジアム、グディソン・パークで対戦することになり、大々的に宣伝された。この試合をきっかけに、女子サッカーが暗黒の時代を迎えることになろうとは、誰も予想もしていなかった。

試合当日、五万三〇〇〇人のファンが続々とスタジアムにやってきた。アリス・スタンレー選手の日記によれば、スタジアムの最大収容人数を超えたために、入場できなかったファンが一万から一万五〇〇〇人いたという。この観客数は、二〇一二年ロンドンオリンピック、女子サッカーのグループリーグで、チームＧＢ〔一九九九年からイギリスオリンピック委員会がオリンピックのイギリス選手団に冠しているブランド名。グレートブリテンおよび北アイルランド連合王国を構成するイングランド、スコットランド、ウェールズ、北アイルランドが競技の垣根を超えてひとつにまとまって選手団を結成〕対ブラジル戦で七万五八四人がウェンブリーに集まったときまで九二年間やぶられることがなかった。ちなみにイングランド内の女子サッカーで最高観客数を記録したのは、二〇一九年一一月一七日、アーセナル・ウィメンＦＣがトッテナム・ホットスパーＦＣウィメンを、トッテナムの新スタジアムでやぶった試合の三万八二六二人だ。

ランカシャー・イブニングポスト紙は一九二〇年一二月二八日付で、試合についてこう報じている。「クリスマス休暇中で最大の注目を集めたのは、ボクシングデーの昨日、グディソン・パークで開催された試合で、ディック、カー・レディースがセント・ヘレンズ・レディースを４－０でやぶったことだった。失業者と退役傷病兵たちの支援目的で行なわれた試合は、五万三〇〇〇人と推定される観客が集まり、チケット販売以外で三〇〇〇ポンドの寄附金が集まり、イングランドで行なわれた慈善試合の最高集金記録を軽く超えた」

この日に集まった寄附金は、現在では一四万ポンド（約二二八〇万円）に相当する。これほどの金額が寄附されたことが、ＦＡと支配層の不信と不安をかきたてた。大きすぎるほどの成功を集めたこの試合が、女子サッカーが衰退していくきっかけとなった。

ＦＡと政府は、ますます高まる女子サッカーの人気と成功に目をつぶっていられなかった。寄附金として集められた大金は、自分たちの管轄外のところにあり管理できない。それ以上にそのカネはもはや傷病兵の支援にとどまらず、政治目的と労働者階級の主張を訴える政治色の濃い社会運動へと流れている。支配階級の利益とは真向から対立する運動だ。

五万三〇〇〇人をグディソン・パークに集めた試合から一年後、FAは女子サッカーを禁止する決定を下した。だが、スポーツ競技を管轄する組織が、あからさまに女性がサッカーをすることを禁止するわけにはいかないし、そもそもそれは不可能だ。そこでFA傘下にあるグラウンドを女子チームが試合に使用することを禁止した。

FA諮問委員会は以下の裁定を布告した。

女性たちがプレーするサッカーについて苦情が寄せられたことに対し、FA評議会はここではっきりと、サッカーの試合は女性には向かないものであり、奨励されるべきではけっしてないことをここに強く主張しておかねばならないと感じている。

また女性たちが行なう試合のなかには、試合からあがる収益が慈善目的以外に充当されている状況にも苦情が申し立てられている。FA評議会は収益に対して、計上される経費の割合が、慈善目的の興行としては不適切なほどに大きいという意見を持っている。

以上の理由で、FA評議会はFAに属するクラブがグラウンドをそのような試合に使用させせないように要求する。

彼らはおびえていた。だからこれ以上女子サッカーが拡大発展する前に、行動を起こした。「女子サッカーは南部より北部で急速に拡大している。ランカシャーとヨークシャーではすでにリーグを結成する段階に入っている。全国的な協会設立も協議されている」と一二月七日付のリーズ・マーキュリー紙は伝えた。

「もちろん女子サッカーの発展を妨害しようとするFAの目的は、入場料収入への疑惑にとどまるものではない。女子サッカーには管轄団体がない。統治機関が存在していないのだ。それにサッカーは女性のための競技ではないという意識が一般に浸透している。多くの著名な専門家がサッカーは女性には激しすぎるという見解を持っている」とシェフィールド・デイリーテレグラフ紙は一二月九日付で書いた。

興味深いことに、FAが女子サッカーに制限を加えようと試みたのはこれがはじめてではない。一八九〇年代にも、FA評議会は女子の試合にグラウンドを使わせることについて、クラブに警告を発していた。一九〇二年、FAは男女が一緒のチームでプレーすることを禁止する動議を可決したが、この禁止令を女子チームへのグラウンド使用禁止にまで広げようとした記録が残っている。そのときグラウンド使用禁止令を本当に出したかどうか、またそれが実行されたか撤回されたかはよくわからない。しかし一九一七年までは女子サッカーに制限を加えようとするFAの試みはうまくいっていなかった。一九〇九年一一月、スポーティング・ライフ誌は「女子サッカーチームはFAから禁止令を受けた」と報じているし、一九一七年三月三一日にスター・グリーン・アン紙スポーツ特集号（シェフィールドで毎週土曜の夕刊に発行されていたスポーツ新聞）は、「FAが女子サッカーチームにグラウンドの使用を禁じたルールはまだ存在している」と書いている。一九〇二年に出されたグラウンド使用禁止令の存在は、一九世紀にあれほど人気が高かった女子サッカーが衰退していった理由のひとつの説明になるかもしれない。

ＦＡが一九〇二年にもグラウンド使用禁止令を出したかどうかはともかく、女子サッカーは戦時中に復活し、予想もしなかったほど人気を集め、ついに五万三〇〇〇人もの観客を集めた。とどまることを知らないほどの人気の高まりに恐れをなしたＦＡは、一九二一年にまたもグラウンド使用禁止令を出した。

ニューシャムは、それまでの記録を打ち破ったボクシングデーの試合が、禁止令発令の決定打となったと見ている。

　グディソンでの試合で、サッカー界全体は根本から揺るがされたほどのショックを感じたのではないかと思います。かつてないほど大勢の人たちがスタジアムに足を運んだんですよ。一九二〇年は男子サッカーリーグが拡大した年です。北部と南部に新しく三部リーグが新設されました。クラブの数が実質二倍に増えたというのに、観客は男子サッカーではなく女子サッカーに流れていく。同じステージで観客の奪い合いになってしまうのはあきらかでした。グディソンでの試合で目が覚めたんです。ＦＡは傘下のクラブが女子チームにグラウンドを使用させないように締めつけを始めました。チームとクラブは試合後に会計報告書を出さねばならず、ＦＡの許可なくプレーできません。一九二一年を通してＦＡは、女子サッカーをさまざまな形で妨害していました。そして一二月五日、ついに女性がサッカーをすることを全面的に禁じるほどの決定的な仕打ちを施したのです。

選手たちは怒り狂った。「［当時ディック、カーの選手だった］アリス・ノリスやほかの何人かの女性たちと話したとき、彼女たちは口を揃えて、FAは私たちに嫉妬した、私たちの試合が男子よりも大勢の観客を集めるようになったから、といいました。彼女たちは打ちのめされました。戦時中に女子選手たちがどれほどがんばってきたか、誰もが知っていました。サッカーだけでなく、工場でのきつい肉体労働も必死にがんばってきたのです。それなのに突然禁止だなんて、合点がいかなかったのです」とニューシャムはいう。

禁止令を伝える報道は賛否両論だった。ハル・デイリーメール紙は禁止令を喜び、FAに賛同した。その論調は、サッカーとそれを統括する組織が、当時の英国社会にどれほど大きな影響力を持っていたかをうかがわせる。禁止令は、より広範な社会における女性の立場に影響を与えるであろう、とはっきりと書いている。

FAが、女性がサッカーをプレーすることによって起こる問題をしっかりと考えたことはすばらしい。FAはよい意味で、少数の支配者たちが権力を独占していたベネチアの寡頭体制なのだ。またはソヴィエト連邦のピラミッド型統治の頂点にいるような組織といっていい。これは最高の褒め言葉だ。偉大な試合を行なうための規定と統治方式は、すべての立法府が模範として見ならうべきだ。議会さえも例外ではない。FA評議会は賢明で、その決断は世界でも尊重されており、その威信は高く、所属するクラブも追随者もＦＡに従わないことなど考えもしない。
手綱を締めるかゆるめるか、つくるか壊すか、禁止するか奨励するか、それはＦＡが決める。ＦＡは試合、クラブ、審判、選手、そして観客さえも管理する。そう、観客もＦＡを畏れる。この威厳ある組織が、女子サッカーは不快であると判断を下した。サッカーは「女性にはふさわしくない」としたのだ。ＦＡ傘下のクラブがグラウンドを女子チームに使わせたり、使用料を取って貸したりすることはならないと決めた。入場料収入から差し引かれる「経費」があまりに大きすぎるケースがあると非難した。すべて、女子のクラブや応援する人たちにとっては図星だろう。女子サッカーにわれわれはまったく魅力を感じない。

選手たちの言い分を掲載した新聞もあった。「控えめで、知的な働く女性」と紹介されたディック、カー・レディースのキャプテン、アリス・ケルはこう反論した。

私たち女の子は健全な精神でサッカーをプレーしています。それを禁じられたとしても、仕返しを考えたりしませんし、取り乱した姿を見せたりもしません。私たちはただ、私たちが心から愛しているスポーツを禁止する行動を権力者が起こしたことに驚いているだけです。私たちはサッカー協会に妨害を受けることなく、自分たちにふさわしい試合をプレーする権利が当然ある、と思っています！　私たちは全員が自立した生活を送れるだけの給料を自分で稼いでいますし、一緒に暮らしている両親や家族の生活も支えています。

私たちはこれまで一五〇試合を行ない、六万ポンドを集めて、退役軍人支援団体や病院、診療所に寄附してきました。私たちはそのなかから報酬として一ペニーたりともらっていません。受け取ったのは、鉄道を使用したときの交通費と、試合や遠征で職場を離れている間に相当する賃金のみです。

戦時中の暗黒期間に、私たちはプレーを嘲笑されながらも、戦場に行けなかった人たちにスポーツ観戦という健全な娯楽を提供してきました。

私たちはほぼ七年間プレーしてきましたが、怪我をしたのは私が最初で、チームの女の子たちの誰ひとり怪我や病気になったりしませんでした。私たちはクリームや白粉や眉ペンシル、リップクリームなどどんな化粧品も必要ありません。私たちの肌は、屋外の活動で自然に整えられたものなのです。

私たちはサッカーを続けていける道を見つけるでしょう。全国各地から私たちに、同情を寄せる手紙がたくさん届いています。

しかし社会で発言力と影響力のある人たちはFAの決断を支持し、女子サッカーの存在を否定した。当時トッテナム・ホットスパーFCのマネージャーだったピーター・マックウィリアムは「FAは正しい。私は女子サッカーを一、二試合見たが、サッカーは女性に有害だと確信した」と言った。またアーセナルFC監督のレスリー・ナイトンも「男子サッカー選手には怪我がつきものだとみんな知っているはずだが、女子選手たちも男子と同じように打撲や転倒による負傷の危険がある。将来母親になる義務を負う女性たちに、負傷は深刻な害を及ぼすだろうと心配せざるをえない」と同意した。

医師たちもＦＡの決定を飛びつくように支持した。ハーレー・ストリートの内科医で婦人科のパイオニア的存在だったメアリー・シャルリーブは「サッカーは女性にはもっとも向かないスポーツだと考える。女性の体格には負担がかかりすぎる」と言った。しばらくしてランカシャー・デイリーポスト紙の代表宛に、サッカーの仕事に専門的にたずさわっているという匿名の医師から「サッカーのような激しい競技は少女たちには望ましくない」という意見書が届いた。


彼自身、プレーによって精神的に影響を受けた三人の女子サッカー選手を診察したことがある、という。その結果、生理学的にサッカーは女性にもっとも害を及ぼすと確信するにいたった、男子選手とは比較にならないほど大きなリスクがある、という。

自分は女性たちが脚を酷使することがよくないと考えているわけではない、と医師は言った。「プロのダンサーも脚を激しく使うが、それは問題がない。サッカーは内臓器官にも悪影響を及ぼす。月経や女性特有のデリケートな器官が、怪我やストレス、激しいトレーニングによってより大きな危険にさらされる。観客も試合を楽しんでいるのではなく、ただ目新しさからグラウンドにやってくるだけにすぎない。ファンたちも遅かれ早かれ、女の子たちが過酷な運動をしている姿を見るのはよくないと気がつくだろう」と医師は私見を述べた。

一八九五年からＦＡ理事長をつとめるフレデリック・ウォールは、禁止令が発行されるよりはるか以前から女子がサッカーをすることに反対だった。『サッカーとの五〇年：１８８４－１９３４』（"*50 Years of Football: 1884–1934*" 未訳）でこう書いている。「クラウチ・エンドで行われた初めての女子の試合で、審判をやってくれと頼まれた。私は断ったが、観戦して、この競技は女性には向かないという結論に達した。誰かが、選手のひとりは女装した男の子だと断言した。サッカー協会は〝永遠の女らしさ〟が汚されたことに落胆したし、彼女たちはサンデー・フットボールをはずかしめた」

ＦＡ評議会の会議では、禁止令の実行に反対する声もあった。委員のひとりで、リヴァプールから参加し、オールド・ウエストミンスターズＦＣの名誉幹事だったセシル・ケント少佐が反対意見を出したことが議事録に残っている。ケント少佐は、自分はこれまで三〇試合ほど女子の試合を観たが、慈善興行として二年間で一〇万ポンドの寄附を集めたことは注目に値する、といった。一方、ＦＡの慈善試合は年二万ポンドしか集金できていない。（ＦＡは、それは誤解で八月に行われた練習試合のみを計上していると反論した。）

「女の子たちがとてもよくやっていて、プレーレベルも高いと称賛する声しか聞かない」と少佐はいった。「街の男性たちからは『なぜＦＡは女子サッカーを厳しく非難するのか？』という声があがっている。女の子たちは慈善興行で多額の寄付金を集める以外何もやっていないではないか？　彼女たちの体重が男性のよりも重くてピッチが荒れるとでもいうのか？」

ストランド・コーナー・ハウス女子サッカーチームのキャプテン、ミス・Ａ・ロングも、女子サッカーを擁護して言った。「女子サッカーの試合で重傷を負った選手は、私が記憶するかぎりひとりもいません。腕を骨折した選手はひとりいました。でも多少の怪我はどんな競技にもあります。忘れていただきたくないのは、女子サッカー選手は女性であって男性ではない、ということです。私たちのチームの選手たちは、みんなすばらしく健康に恵まれ、サッカーを楽しんでいます。私たちは休日返上で試合に出て、慈善のためにプレーしているのです」

ランカシャー・イブニングポスト紙は「女の子たちのスポーツマンシップは本物だ」という見出しで記事を掲載した。「ディック、カー・レディースの主力選手のひとりは、ウィッティンガム精神病院で看護師をしている。彼女はある日、たいへんに手がかかる患者たちを徹夜で看病した。夜勤明けに雨のなかをプレストンまで自転車で駆けつけ、列車でミッドランドに向かい、午後には記録的な観客を集めたグラウンドですばらしい試合をして、その夜にはウィッティンガム病院の勤務に戻った」。記事はこう続く。

この女子サッカークラブを立ち上げ、いまは名誉理事長になっているA・フランクランド氏をはじめとする人たちはみな清廉潔白な人物で、勤務時間外で行なうサッカーからいっさい見返りを得ていない。フランクランド氏は、四年間にわたって試合が行なわれる毎土曜日の午後はもちろん、それ以外の日もチームのために働いてきた。試合のない日曜日は何時間もチームのために事務仕事をしながら、一ペニーの報酬も受け取っていない。

女の子たちは全員が働いていて、勤務先のスポーツマンシップのおかげで試合の日に休みをもらっている。しかし当然ながら、仕事を休んだ日の賃金は支払われないから、集金された莫大な寄附金のなかから、日当に相当する金額を〝労働時間喪失保証金〟として受け取っている。全日休んだときにも、一〇シリングを超えない金額だ。

個人的な意見だが、なぜ彼女たちが十分な報酬を得ることができないのかわからない。彼女たちがプレーしなければ慈善興行は成立しないし、多額の寄附金は集められず、要するに何も得られないわけだ。だが女の子たちは、〝労働時間喪失保証金〟以上のカネが欲しいなど要求を出すことなど夢にも考えていないのだ。

何百マイルも遠征するとき、女の子たちがランチやお茶を楽しむことをFAが非難しているとよく聞く。答えるのもばかばかしいほど子どもっぽい難癖のつけようだ。プロの男子選手たちだって、ときには食事くらいはとるだろう。

ランカシャー・イブニングポスト紙のこの意見は、主流からやや外れているだろう。だがヨークシャー・ポストとリーズ・インテリジェンサーは禁止令のニュースを、皮肉っぽく報じた。「サッカー協会評議会による極端な行動」という見出しの記事は、キースリーのサッカーチームで、フォワードのパトリック・ジョゼフ・コリンズ選手が試合中に亡くなったことを報じている。「キースリーのサッカー選手がバットレイで亡くなる。激しい競技の悲しい結末。過度な奮闘による犠牲者」と始まる記事は、男子選手にサッカー競技はふさわしいのか、と問いかける皮肉がこめられている。

ディック、カー・レディースは禁止令が出てもプレーをつづけたし、ほかのチームもそうだったが、収容人数が多いスタジアムで試合ができなくなったために、女子サッカーは壊滅的な打撃を受けた。チームは試合をするのに、公園を使うか、好意的なラグビー・クラブやアスレチック・クラブに頼むしかなくなった。大きい会場で、定期的に試合興行できる機会が失われたことで、女子サッカーに対する世間の興味は薄れていった。

ニューシャムは憤る。「何が悔しいって、［禁止令が］不当な仕打ちだったことです。サッカーアメリカ合衆国女子代表選手のケリー・スミスやミーガン・ラピノーに『もう終わりだ。きみたちはもうサッカーはできない。禁止だ。きみたちがこれまで何をやったかなんて関係ない。みんなすぐに忘れちゃうし、気にもしないさ』といったら、いったいどうなるか。想像してくださいよ、彼女たちがどんな気持ちになるか。一〇〇年前にディック、カー・レディースをはじめとする女子サッカー選手たちは、絶望のどん底に突き落とされ想像を絶するほどの苦しみを味わったんですよ」

この時期、女子サッカーを禁止したのはイギリスのサッカー協会だけではなかった。フランスでは一九三二年から一九三五年から一九七五年まで女性がサッカーをすることが禁止された。スペインサッカー連盟（RFEF）は一九三五年から一九八〇年まで女性にサッカーをプレーする権利を認めなかった。ブラジルでは一九四一年に女性がやってはいけないスポーツをいくつも決めて法律で規制した。なぜなら〝暴力的〟なスポーツは「女性の身体にふさわしくない」からだ。規制が解かれたのは一九八一年である。

一九五五年、西ドイツのドイツサッカー連盟（DFB）は、サッカーは「女性の本質と相入れない」と宣言した。「ボールをめぐる闘いは女性らしい優雅さをそこない、身も心も傷つくことが避けられない」というのが理由だった。

第6章 不毛の五〇年

イギリスの女子サッカーは一九二一年にFAが出した禁止令で大打撃を受けたものの消え去りはしなかった。ディック、カー・レディースやいくつかの女子チームは活動を続け、次世代へとバトンを渡した。

一九二一年には一五〇あまりの女子チームが活動していた。その年の一二月にはリヴァプールに三〇チームの代表者が集まって、イングランド・レディース・サッカー協会（ELFA）を組織した。二回目の会議に集まったチームは二倍の六〇チームとなり、ピッチサイズを変更し、ボールをもっと軽いものにして、身体をぶつける「チャージ」を禁止し、顔を守るために手を使ってもいいことにする、というルールを導入した。ELFAはまた一九二二年六月にカップ戦を開催し、ストーク・レディースが優勝した。しかしELFAの活動は一年しか続かなかった。試合数もチーム数も減ってしまったからだ。

禁止令が出てからもしばらくの間は、自分たちが愛するサッカー競技を続けていく道を模索するチームがあった。ディック、カー・レディースは一時期その最前線に立って女子サッカーを引っ張っていた。一九二二年には競技ができる新天地を探そうと、初めて北米に遠征した。

イギリス連邦の一員で、英国国王を首長とするカナダがFAをおもんばかったために、ディック、カー・レディースはカナダ遠征をキャンセルせざるを得なかったが、アメリカでは歓迎を受けた。最初チームはカナダからアメリカ合衆国各地で二〇試合を開催する予定だったが、ケベックに到着した時点で、カナダサッカー協会は女子サッカーを承認していないと告げられ、カナダでの試合は諦めた。アメリカではイギリスほど女子サッカーは発展していなかったものの、それでも競技をする女性たちはいた。スポーツ史を研究するジーン・ウィリアムズは『ビューティフル・ゲーム：女子サッカーの国際的展望』（*"A Beautiful Game: International Perspectives on Women's Football"* 未訳）で、アメリカでは一九一八年から女性たちがサッカーを楽しんでいて、一九二〇年代と三〇年代には大学を中心に広まっていたと書いている。

しかしアメリカに到着したディック、カー・レディースは、全米をまわって男子チームと九試合を行なうスケジュールが組まれていると聞かされた。対戦相手となる女子チームがなかったからだ。九月二四日に行なわれた最初の試合の対戦相手はニュージャージー州クリフトンのパターソンFCで、ディック、カー・レディースは五〇〇〇人の観客の前で6–3で負けた。ロード・アイランドではJ&Pコーツ FCと4–4の引き分け、ニューヨーク市では七〇〇〇人のファンの前で、セントロ–ヒスパーノに7–3で敗北した。一〇月八日にアメリカン・リーグ・パークでワシントン・サッカークラブと対戦し、4–4で引き分けた試合は、地方紙に大きく取り上げられて注目を集めた。ワシントン・ヘラルド紙は「スポーツ史上、もっともユニークな国際試合のひとつだった」と報じた。ワシントン・ポスト紙は七〇〇〇人のファンが集まったとして、つぎのように試合をリポートしている。

イングランド、プレストンに本拠を置くディック、カー・レディースは、昨日アメリカン・リーグ・パークでワシントン・チームと対戦し、4-4で引き分けた。女性たちはドリブルにすぐれていたが、キックのスピードと力強さにやや欠けた。ワシントン・チームは全力で立ち向かった。男子選手たちはよいチームワークで何回も得点機を作ったが、ゴールを割ることができなかった。女子チームのゴールキーパー、ミス・カルメン・ポミーズの好守に阻まれたからだ。彼女は一五本放たれたシュートの一一本を防いだ。レフトウィングのミス・リリー・パーは積極果敢にゴールに迫り、七回惜しいシュートを放って二本を決めた。女子選手たちはワシントン・チームの右サイドを突破することに成功したが、左サイドと中盤を崩すことがむずかしかった。先取点は前半二六分、ワシントン・チームのグリーンのゴールが決まった。ミス・リリー・パーがハーフタイム前に同点とし、後半は両チームともオープンな闘いで試合を進めた。女子チームにはチームワークで一日の長があった。

ディック・カー・レディースはアメリカ遠征で強い印象を残した。パターソンのゴールキーパー、ピーター・レンズーリは、ニュージャージーで対戦したときの印象をこう語る。「われわれは全米チャンピオンだが、勝つために死ぬほど努力しなくてはならなかった」。マサチューセッツ州のフォールリバー・イブニング・ヘラルド紙も同じように衝撃を受けて、ディック、カー・レディースは「アメリカ合衆国にやってきた最強のサッカーチームのひとつだ」と称えた。

英国に戻ると試合をすること自体がむずかしくなっていたが、ディック、カー（一九二六年にプレストン・レディースと改名された）は前進を続けた。一九三〇年代に入っても、彼女たちの試合はなお数千人の観客を集めていた。一九三一年の試合リポートからは、チームの観客動員力がうかがえる。

FAの禁止令にもかかわらず、よみがえった女子サッカーの人気はまったく衰えていないようだ。チームの発足からかかわってきたアルフレッド・フランクランド氏は、適切なグラウンドで試合ができれば、もっと大勢の観客が入り、数千ポンドの寄附金を集めることができると確信している。プレストン・レディースはFAからフェアプレー賞を授与されるにふさわしいと彼は考えている。

ディック、カー・レディース発足当初の選手だったアリス・ケル（現ミセス・クック）とフォリー・ハズラムは、あとを継いだプレストン・レディースがストックポートで行なった慈善興行の試合を観戦した。ミス・ハズラムは、サッカーが女の子たちの健康増進におおいに役立ち、テニスほど身体に負担をかけるものではないという。

選手たちは五〇〇〇人の観客たちと一緒に試合を楽しんでいた。とくにチーム一小柄で、でもチーム一の活動量を誇るミス・イェーツは奮闘していた。友人たちは彼女を薬品メーカー名にちなんで「グラクソ」と呼ぶ。身長一五〇センチほどで、エネルギーと笑顔があふれる金髪の少女は、どのプレーもずば抜けている。

アメリカでもそうだったが、彼女たちは男子選手に注目されるほど質の高いプレーを見せていた。

「プレストン・レディースFCがフランスと英国の女子チームと対戦した試合を観戦していたなかに、プレストン・ノースエンドFCの左サイドバックをつとめるジャスパー・カーと、以前にストックポート・カウンティFCでディフェンスをつとめ、いまはエヴァートンFCに所属するビリー・ボッキングがいた。自分たちのプレーのヒントを得るためだったのか？　ふたりともプレストンでフルバックをつとめる一六歳のたくましい少女E・クレイトンに強い印象を受け、その将来性に期待を持った」

一九三八年、第二次世界大戦が勃発する前年に、プレストン・レディースの試合が驚くほどの観客を集め、ふたたび話題を呼んだ。ウェスタン・モーニング・ニュース紙はこう伝える。

近年最大となる八〇〇〇人の観客が、ヘイズ・フットボール・クラブのグラウンドに集まった。ヘイズ・ユナイテッド・レディース・フットボール・クラブは、プレストン・レディース・フットボール・クラブに七ゴールを奪われて敗北した。プレストン・レディースは現在女子サッカーの頂点に立つチームで、一九三四年以来、イングランド、フランス、スコットランド、ウェールズ、ベルギー、またアメリカやカナダのチームとも対戦してまだ無敗である。過去二〇年間に四三七試合を闘い、負けたのは七試合で、引き分けが六試合である。

逆風が吹くなか、サッカーを続けてこれだけの実績を上げてきたプレストン・レディースには驚きを禁じ得ない。女性たちのけっして諦めない粘り強さと、ただサッカーがしたいというシンプルな情熱があったからこそ、達成された記録である。禁止令が発令されたあと長い年月がたっても、フランクランドのもとには国じゅうから、プレストン・レディースのトライアウトを受けたいと切望する手紙が届いた。ディック、カー／プレストン・レディースの創設者であり、長年にわたってクラブを発展させてきたフランクランドだったが、病に倒れて一九五五年、指揮をキャス・レイサムに託し、その二年後の一九五七年に亡くなった。一九六〇年代に入ると、チームは選手の確保に苦労するようになった。女子サッカー・ブームの立役者であり、その後の冬の時代も活動を続けたプレストン・レディースだったが、選手が少しずつ減っていって、ついに一九六五年、クラブの歴史に幕を引かざるを得なかった。ＦＡが禁止令解除に動いたのはそれからわずか六年後のことである。

「禁止令が解かれる前にクラブが解散したのは悲劇ですよ。でも何事も永遠に続くというわけにはいきませんよね」とゲイル・ニューシャムは振り返る。「『フランクランドのあとを継いだ』キャスはチームが期待に応えるサッカーができなくなったり、人数が揃わなくて試合ができないようなことになったり、また十分な寄附金が集められなくなったりして終わるのはいやだったんです。だから引き際だと決断し、悲しいけれど解散しました」

「人生にはときどき、なぜそんなにうまくいったのか、誰も理由が説明できないようなすばらしいことが起きることがあります。起きたそのことにただ感謝し、思い出をたいせつにして、彼女たちがどれほど偉大だったかに思いをはせなくては、と私は思います」

どうしてプレストン・レディースは禁止令をかいくぐって女子サッカー競技を続けられたのか？　ひとつには、草創期から「試合は慈善興行として行なう」ことを貫いたことがある。圧力をかけてくるＦ

Aと地域のサッカー協会の制裁をかいくぐるのに、慈善興行を打ち出すのは高度な戦術だった。男子の試合を主催する人たちにとってはおもしろくなかったが。一九三一年二月、プレストン・レディースが〝そのほかのイングランド選手〟と対戦した試合は、慈善団体のブリティッシュ・リージョンの支援で開催された。ダービーシャーFA理事のジョゼフ・ホームズはこの試合について率直な私見を述べた。「この試合は慈善目的だから、主催者の邪魔をするつもりはないが、われわれはサッカーの試合ではまったくないと見ている」

プレストン・レディースだけが当時プレーしていた女子チームではない。ボルトン・レディースFC、ラザーグレス・レディースFC、エジンバラ・シティ・ガールズFC、グラスゴー・レディースFCなど多くの女子チームが、第一次世界大戦と第二次世界大戦にはさまれた期間に活動していた。第二次世界大戦中にその多くが活動休止したが、続けたチームもいくつかある。

一九一四年から一九一八年の第一次世界大戦中と同様、第二次世界大戦中も女性たちは工場労働者となった。だが一九四一年に国家動員法が制定されると、二〇歳から三〇歳の女性は軍隊に入ることができた。およそ六四万人の女性たちが従軍し、加わらなかった女性たちも非軍用機を操縦し、看護師や敵陣の背後での特殊任務をになった。

英国内における国内戦線で、女性たちはまた軍需工場に戻って労働者となったが、エンジニアや機械工、空襲警備員、バス、消防車、救急車の運転手などの業務に従事する女性たちも大勢いた。一九四三年半ばには、独身女性の九〇パーセント、既婚女性の八〇パーセントが工場や農場（婦人農耕部隊には八万人が従事していた）や軍隊で働いていた。

ＦＡ傘下のクラブが、女子サッカーチームにグラウンドを貸すことを禁じる規制は戦時中にもゆるむ気配はなく、第一次世界大戦中のように男子サッカーが停止されていた期間中に女子サッカーがブームになることはなかった。しかし女性たちは工場でチームをつくり、サッカーはレクリエーションとして欠かせなかった。

一九四〇年七月、スターリングにある編糸製造のパトンズ・アンド・ボールドウィン社女子代表チームと、鉄鋼業を営むクルックシャンク社女子代表チームが対戦した。ポーツマスではハンツ・アンド・ドーセットモーターズ・サービシズ社とプリビンシャル・オムニバス・カンパニーそれぞれの女性バス運転手のチームが試合をした。ウォーキングではギルフォード・マークス＆スペンサー社とギルフォード・ウールワース社から選抜された女子チームが、ライオン・ワークス校とミニ・トーナメントを開催した。

第二次世界大戦中は、二五年前の大戦時のように大勢の観客を動員することはできなかったが、新世代の女子選手たちはこの期間に成長した。一九四五年に戦争が終わると、戦時中にサッカーに親しんだ女性たちは、プレーをつづける道を拓こうと団結した。

ボルトン・レディースＦＣは、戦後まもない時期に女子サッカーを支えたクラブのひとつだ。一九四五年、エジンバラ・レディナモスとエジンバラにあるメドウバンクのスタジアムで試合をして、一万七〇〇〇人の観客を集めた。しかし試合後まもなく、スコットランドＦＡは「女子サッカーのグラウンド使用を全面的に禁止する」と布告を出し、エジンバラ評議会は翌年に予定された試合の開催許可を拒否した。エジンバラの男子チーム、ハーツＦＣやハイバーニアンＦＣの観客動員に影響が出ることを恐れたからだ。

もうひとつ、禁止令発令中に台頭したもっとも重要なチームがマンチェスターに本拠を置くコリンシアン・レディースFCである。コリンシアン・レディースFCは一九四九年、ボルトン・ワンダラーズFCでスカウトと審判をつとめていたパーシー・アシュリーが結成した。難聴の娘がプレーできる場所をつくりたいというのが動機だった。アシュリーのチームはディック、カー・レディースと同様、あとに続く人たちの礎となる功績を残した。規模の大きなグラウンドでの女子の試合が全面的に禁止されていた時代であることを考えると、より偉大な業績だったといえるかもしれない。

対戦相手がなかなか見つからなかったことから、アシュリーはノマズというセカンドチームもつくってコリンシアン・レディースFCと試合をさせた。ふたつのチームは数年にわたって世界ツアーを実施し、一九五七年にはドイツで開催された、非公式の女子欧州カップで優勝した。(欧州を統括する欧州サッカー連盟［UEFA］は当時女子の大会を組織していなかったので、優勝しても公式記録に残っていない。)一九五七年にはポルトガル、一九五九年にはオランダ、一九六〇年には南米とカリブ諸国に、一九六一年にはイタリアに遠征した。チームはアイルランド、ウェールズ、モロッコ、フランスとも対戦し、五〇ものトロフィーを獲得し、慈善寄附で二七万五〇〇〇ポンドも集めた。

戦後の女子サッカーにおけるコリンシアン・レディースFCのふたつのチームの重要性を、どれだけ高く評価してもしすぎることはないだろう。海外遠征をし、自ら大会を主催して慈善寄附金を集めるなどで女子サッカーを発展させようとしたのは、コリンシアン・レディースFCしかなかった。

今日、女子サッカーの歴史を論じるとき、しばしば長い空白期間があると見られる。一九二〇年代にディック、カー・レディースでブームが起こったときから、一九九〇年代にチームや大会形式が定まって女子サッカーが人気競技のひとつとなるまでの間に、まるで何もなかったように語られる。女子チームにグラウンドを使わせない、もしくはサッカー競技をすること自体が禁止されていた期間に、女性たちがどう闘ってきたかについて、ほとんど記録が残っていないからだ。戦後のある期間に、コリンシアン・レディースFCをはじめとするチームは、女性にはサッカーはふさわしくないという〝伝統的価値観〟と、協会をはじめとする支配者層と闘って、女性たちもサッカーができる仕組みをつくろうとした。それは支配者層が禁止令による損害を認めるまでの、何十年にもわたる闘いであったことを忘れてはならない。その闘いはサッカーだけにとどまらず、より広く、社会におけるジェンダー平等に挑んだ闘いだった。

第2部

新しい時代へ

第7章 上げ潮

一九六〇年代後半までに、FAは再び女子サッカー競技に関心を向けるようになっていた。実際には、女性たちがFAに認めさせようと必死に扉を叩きつづけた結果である。FAにしてみると、女子サッカーをこれ以上無視しつづけるのが時代的にむずかしくなっていた。

第二次世界大戦後に女性たちの権利獲得闘争は、やや失速した。戦時中、英国では働く母親たちのために保健省が保育所を設置し、地方自治体が運営にあたっていた。しかし終戦とともに、公的な保育施設は閉鎖され、母親たちは外に出て働きつづけるのがむずかしくなった。一九五一年、英国の七五パーセントの成人女性が既婚者で（婚姻歴のある人も含む）、とくに四五歳から五九歳の女性の既婚率は高く、八四・四パーセントに達していた。女性は家庭で家事育児にいそしむべきだと考える保守層が優勢だった戦後まもない時代には、FAは女子サッカーを無視することが許された。

ところが一九六〇年代から一九七〇年代にかけて、アメリカで第二波フェミニズムと呼ばれる女性たちの解放と権利の拡大を求める運動が大きな盛り上がりを見せ、英国にもその影響が及び、英国社会もゆっくりと変わっていった。英国では一九六一年には避妊ピルが解禁された（一九七六年まで未婚女性に処方することは禁じられていた)。一九六四年に行なわれた総選挙で、ハロルド・ウィルソン率いる労働党が僅差で保守党を破り、一三年間に及んだ保守党政権に幕がおりた。新政府は公約として、平等な社会の実現と公的ケアと公共サービスへの投資を掲げた。ウィルソン内閣は一九六六年の解散総選挙で地滑り的大勝利をおさめると、すぐに死刑廃止と同性愛行為の合法化を決め、一九六七年には人工妊娠中絶法を施行した。これにより北アイルランドをのぞく英国で中絶が合法化された。

性別や正規/非正規を問わず同じ労働には同じ賃金を払うべきとする同一賃金法も協議事項に戻された。一九六八年にダゲナムにあったフォードの工場で働く八五〇人の女性機械工が、三週間にわたるストライキを打ったことがきっかけだ。フォードの工場が賃金体系を変更し、女性の機械工を非熟練労働者として男性の機械工より一五パーセント低い賃金を支払うとしたことに抗議してのストライキだった。〝非熟練労働者〟の女性たちしか、自動車のシートカバーを縫製する熟練の技を持っていなかったために、工場は完全業務停止状態に陥った。機械工たちが起こした労働争議を、英国最初の(そして今日にいたるまで唯一の)女性の国務大臣だったバーバラ・キャッスルが取り上げ、女性たちの賃金を男性の九二パーセントまで引き上げることで労使は合意にいたった。*

フォード工場における歴史的なストライキによって、「女性の平等な権利獲得のための全国合同行動委員会」の設置を促した。この新しい行動委員会は、一九六九年五月一八日に一〇〇〇人を集めて、男女同一賃金を求める抗議集会を開いた。この集会を受けて、一九七〇年にはリーズの縫製工場で働く労働者たちがストライキを打った。四五の工場で働く二万人の女性たちが賃上げ幅の低さに抗義してデモをし、ついに労働組合に要求を認めさせた。このストライキが一九七〇年の同一賃金法制定を促し、男性と女性で雇用条件や賃金に差をつけることが法律で禁じられることになった。**

女子サッカー競技は、社会と政治が女性をめぐって大きく変動していたこの時期、FAが歴史的に抑圧してきたにもかかわらず、力強く成長を続け、人気は高まっていった。一九六九年までに、女子サッカー競技を管理運営する全国的な組織の設立に向けた機運は十分に高まっていた。同年一一月一日、ロンドンのカクストン・ホールに四四の女子チームが集まり、ウィメンズ・フットボール・アソシエーション（WFA）を設立した。

FAカップで五回の優勝経験があるアーサー・ホッブスがWFA初代会長に選任された。女子サッカーの発展に貢献した人々のインタビューによってその軌跡を紹介した『ウィメン・オン・ザ・ボール』（*“Women On the Ball”* 未訳）で著者のスー・ロペスは、ホッブスを「女子サッカーの父」と称えている。

WFA設立のもうひとりの立役者は、パトリシア・グレゴリーだ。グレゴリーは一九六七年にトッテナム・ホットスパーFCがFAカップで優勝したのに刺激を受けて、自分もサッカーをプレーしたいと思った。当時一九歳だった彼女は地方紙で仲間をつのり、多くの女性たちが応募してきたのに驚いた。両親の家の小さな居間に集まった一五名の女性たちとグレゴリーはチーム結成を決め、さっそくFA評

＊女性の機械工を男性と同じく〝熟練工〟と経営側に認めさせるための労働争議はその後一六年続き、一九八四年にようやく認められた。

＊＊英国における男女の平均賃金格差は二〇二〇年でもまだ一五・五パーセントあり、大きな問題になっている。一九七〇年に制定された同一賃金法は二〇一〇年に改定されたが、男女間の賃金と雇用条件の不平等をなくすにはいたっていない。

議会にグラウンドを貸してほしいと申し入れたところ、ＦＡから女子にグラウンドを貸すことは禁止しているという返事がきた。

そこでグレゴリーは、結成したホワイト・リボンというチームがリーグに入ることはできるかとＦＡに尋ねた。だが当時事務局長だったサー・デニス・フォローズは一九六七年七月二一日付の手紙でこう断っている。

「一九二一年一二月にイングランド・サッカー協会の評議会が決定し、一九六二年一二月に評議会が確認した文書を同封します。サッカー協会は女性のサッカーチームを認めておりませんので、私はあなた方が登録できるリーグについてのいかなる情報も提供できかねます」

その返事に動じず、ホワイト・リボンは国じゅうをめぐって男子のユースチームと試合をした。グレゴリーがサッカー雑誌に出した対戦相手募集の投稿が、アーサー・ホッブスの目に留まった。彼はケントで八チームが参加する大会を企画し、ホワイト・リボンを招待した。その大会をきっかけに、グレゴリーとホッブスはＷＦＡ設立に向けてともに動くことになった。

ＷＦＡ設立の最初の会合から六カ月後、最初の年次総会で七つの地域リーグの発足が発表された。サウスイースト、ケント、ミッドランズ、サセックス、ウェストマーシア、ノーサンプトンとサウサンプトンである。

ＦＡはもはや禁止令だけで女子サッカーを無視し続けることはできなくなった。その人気が高まっていく勢いに恐れをなし、また欧州サッカー連盟（ＵＥＦＡ）からの圧力に耐えきれなくなったＦＡは、ついに女子サッカーに新しい戦術を取ることにした。自分たちＦＡの管轄下に置き、自分たちの望む方向に成長を管理していくことだ。

リヴァプール・エコー紙は「女子サッカーは恐るべき勢いで普及しており、男性たちは全国組織の管理下において女子サッカー競技を運営することを望んでいる」とFAに警告を発した。

これまでわれわれのサッカー協会は女の子たちに関してなんら明確な施策をとってこなかった。だがほかの欧州の国々の経験が今後の基準を示しているのだとすれば、FAの頑固な男性たちも再考が必要だろう。

女子サッカーは欧州で急速に発展しており、UEFAに送りこまれた各国協会の役員たちも協議することを迫られた。ひとりの役員は、男子サッカーが笑いものになる前に、女子サッカーを適切に組織化することが喫緊の課題だとし、「どうかわれわれの願いを聞き入れたまえ」と訴えた。

そこで女子サッカーを各国サッカー協会の傘下におく問題について協議する特別委員会を、UEFA副会長のシャーンドル・バルチを議長として発足させることが決められた。レベルはさまざまではあるが、女子サッカー競技は欧州の二二カ国で実施されている。だが全国組織が管理しているのはわずか八カ国にすぎない。

女子サッカーの国際的な組織はすでに世界大会を計画し、欧州カップを提案している。だがUEFAは「その組織を運営する人たちは、スポーツとしてよりショービジネスとしてより関心を持っている」とひそかに考えている。欧州サッカーの要であるUEFAは女子サッカーを支配下に置こうと急いでいる。

こういった圧力がFA事務局長のサー・デニス・フォローズを動かした。時代の変化に応じて機をとらえる必要がある、と彼は考えた。娘のマギー・フェリスはフォローズが変革に積極的だったという。「父はいつも有言実行の人で、行動することが生来の気質でした。それに自分は表に出たがらず、業績を大っぴらに宣伝することはしなかった。まあ、ワールドカップ優勝のときにはかなりはしゃいでいましたけれど」と娘は笑いながらいった。

フォローズは一九六二年からFAで実務を担い、一九六六年イングランドが優勝したワールドカップも彼が仕切った。ワールドカップが地元で開催される前に、ロンドンで開かれた展覧会でジュール・リメ杯が盗まれ、戻ってきたあと、決勝の日まで自分のベッドの下に隠していたという逸話もある。優勝後に展示されたあとは、一九七〇年ワールドカップ開催時にメキシコに持っていくまで、優勝カップはフォローズのブリーフケースのなかにしまわれていた。彼はまた英国民間輸送機パイロット組合の事務局長をつとめていた。一九五八年、ミュンヘンの空港でマンチェスター・ユナイテッドFCの選手や監督が乗った飛行機が、吹雪のなかを離陸に失敗して死傷者が出た「ミュンヘンの悲劇」で、過失責任を問われた機長のジェームズ・セインの汚名をそそぐため、一〇年奔走した。

一九六九年末、フォローズはホッブスとWFAに、FAが「一九二一年の評議会が出した禁止令を撤回することに同意した」と伝えた。イングランドにおける女子サッカーの歴史で特筆すべき出来事である。とはいっても、その歴史的出来事は大々的に発表されたわけではなく、式典もなければ公式記録に記されることさえなかった。

二〇二一年、グレゴリーはテレグラフ紙にそのときのことを語った。「メディアに大きく取り上げられたとかそういうことはまったくなかったんです。世間の注目を集めたといえればいいんですけれど、そういうことはなかった。私たちはただ問題をひとつずつ解決していき、その結果が禁止令解除でした」。大きな話題にならなかったことは、女子サッカーが禁止令解除の影響をとくに受けなかったことを示している。しかしこの重要な決定は、女子選手たちに豊かな土壌で育っていく機会を与えた。

禁止令解除はFAを去るフォローズの最後の置き土産だった。娘のフェリスはそれについて「女子サッカーの発展にむけた国内の環境整備で父はたいした業績をあげたわけではありません。父はそこにいたるまでの道筋をつけただけ。いってみればトーストを焼いて卵をゆでただけです。でもある意味、父は時代を変えました。一九三〇年代に父が大学の何かの委員会の人たちといっしょにいる写真を見つけました。写っている三分の一が女性なんです。その当時から父は、いつも変わらず女性と対等の立場で仕事をしていて、けっして女性たちを下に見ることはありませんでした。父は女性たちが負け犬にならないことを望んでいました」。禁止令解除に果たした役割から、フォローズはWFAの名誉副会長に任命された。彼も家族もそのことをたいへん誇りにしていた。

禁止令を解いて女性がサッカーをすることで起こるリスクを懸念したFAは、一九七〇年から地域のサッカー協会に解禁に賛成か反対かの調査を始めた。イーストケント・タイムス・アンド・メール紙は「ケントのサッカークラブは、一九二一年以来の禁止令を解除することへの賛否を投票で示すよう求められている。ケント州サッカー協会による投票の結果は、一月一九日に行なわれるつぎのFA評議会ではかられ、女子サッカーを認めるか否かの決定がなされる」と伝えた。

この記事はまた、禁止令にもかかわらず女性たちがサッカーをする道を見出してきたことで、ＦＡが抱える問題が大きくなっていたことを示している。「近年、公園で全員女子ばかりのチームで試合をする女性たちが急増している。ケント州サネットでは、たくさんの女子チームがイーストケント・リーグに登録し、プレーする女性たちの数は増えるばかりだ。彼女たちを率いる勇者は、ケント州ディールの大工、アーサー・ホッブス氏で、ＦＡの禁止令と闘ってきた」

一九七一年までには、時代の変化を好意的に見る声もあった。ユーゴスラビアのミケロフ・アンドレイービチ教授は、「女性の身体構造はサッカーには理想的だ。もしかしたら男性よりも向いているかもしれない」とＵＥＦＡに進言した。しかし教授はそのあとに「ボールがもっと軽くて、ピッチがもっと小さければの話だが」と付け加えたのだが。

一九七一年、ＦＡ女子カップが五月に開催されることになり、禁止令は正式に解除された。ＦＡカップではサウサンプトン・レディースＦＣ（現サウサンプトン・ウィメンズＦＣ）がスチュワートン・シスルＦＣウィメン（現キルマーノックＦＣウィメン）を4－1でやぶって優勝した。ＦＡはもう一歩進めて、一九七二年二月二八日についに女子サッカー競技を正式に認めた。総勢九二名の評議員がロンドンに集まり、ＦＡとＷＦＡが合同で開催した会議で、禁止令解除の提案を受け入れた。会議では「ＷＦＡに登録している全クラブは、今後イングランド・サッカー協会（ＦＡ）の管轄下に置かれ、管理運営される」ことが決められた。

ＦＡはＷＦＡと合同諮問委員会を設置し、審判育成コースの運営を支援し、ＵＥＦＡとＦＩＦＡとの関係確立を支援することに同意した。しかしＦＡは女子サッカーの現場における運営に関してはＷＦＡ

に任せるとし、女子の競技サッカーへの財政的支援は行なわないし、男女混合チームは依然として禁止することを強調した。

「女性解放運動がまたもスコアを刻んだ。今回はランカスター・ゲート〔FAが一九五〇年代初期から二〇一二年まで七〇年にわたって本部を置いていた〕での得点だ」とデイリーミラー紙は喝采をあげた。「FA協会は男性的偏見を一〇九年間守りつづけた最後のスポーツ団体だったが、今年一〇月、ついにその牙城が崩され、女子サッカー競技を認めるにいたった」

FAのこの変更を強く支持して称えたのは、一九六六年ワールドカップ決勝でハットトリックをした英雄、ジェフ・ハーストだ。禁止令解除は「良識の勝利」であり、「ウィンブルドンで女性たちがテニスの試合をしているというのに、ウェンブリーで女子サッカーの大会が大勢の観客を集めないわけがないだろう」とハーストは歓迎した。

まだWFAの会長だったホッブスは言った。「この国には女子サッカー選手が五〇〇〇人近くいて、今回の決定は競技の組織化を進めるものだ。実際、翌年にはFIFA公式のワールドカップ開催について話し合いがもたれることになっている。サッカー発祥の地、このイングランドで開催できたらいいのだが」

そしてサウサンプトン・レディースFC監督のノーマン・ホロウェイは、カップ戦の決勝をウェンブリーで開催すれば、テラス〔屋外競技場の主としてサポーターが集まる立ち見のスタンド〕での暴力撲滅につながるといった。「リーグ戦の前に女子サッカーの試合を楽しめば、喧嘩好きの男性たちも暴れることはないのではないか」

興味深いのは、女子サッカー解禁という変化はおおむね好意的にとらえられてはいたが、女性がサッカーには向かない理由にされてきた身体的特性については、まだ懸念がはっきりと表明されていたことだ。女性たちは禁止令が出てからもサッカーをすることをやめなかった。実際のところ、解除されて変わったのは、選手たちがＦＡが管理しているグラウンドやＦＡに登録している審判を利用できるようになったにすぎない。まだ女子選手たちはアマチュアで、男子のサッカークラブと、長きにわたって女性たちがサッカーをすることを歓迎しなかったＦＡに全面的に依存していた。禁止令を解除するくらいでは、女子サッカー競技が社会に受け入れられるのに十分ではない。女子サッカーに対する社会の見方を変えるための行動を起こすこと、そしてスポーツ競技として公に認めさせることが必要だった。ところがＦＡはＷＦＡに対して距離を置き、試合をすることは許可しても、男子サッカーには与える支援を女子サッカーに与えようとはしなかった。この壁を乗り越えることが、公認された女子サッカー競技をあらたに発展させていくための鍵となる。

第8章 国際大会のはじまり

ＦＡが一九七一年に禁止令を正式に解除したことは、女子サッカーの歴史における大きな転換点となった。しかしこの時点で、サッカー競技の運営統轄団体が諸手を挙げて女子サッカーを受け入れたわけではまったくない。この時期に女子サッカーにかかわる人たちが味わったのは、忍従という言葉がふさわしい。多くの国でプロ化は遠く、競技を行なうことでキャリアを形成したいという野心は、まずどうやって試合でカネを稼ぐ道をつくるかを考えることから始めなければならなかった。

ところが、女子サッカー選手たちのプロ化の可能性を示したのは、意外な国だった。今日ではイタリアの女子選手たちはアマチュアにとどまっていて、税引き前の年間所得が三万ユーロを超える女子選手はほとんどいない。しかし一九七〇年代と一九八〇年代のイタリアでは、ある種の女子プロサッカーが形成されていた。*

＊規定改正に向けて長い闘いがあり、二〇二〇年六月、イタリアサッカー協会はついに「二〇二二―二三シーズンより段階的にプロ化承認をめざして計画をすすめていく」ことを発表した。

イタリアの女子サッカーの始まりは一九三〇年代までさかのぼる。イタリア初の女子サッカーチーム、グルッポ・フェミニーレ・カルチスティコがミラノで結成されたのは一九三三年だった。だが残念ながら、イタリア・オリンピック委員会が選手たちを陸上競技の選手として引き抜いたために、短期のプロジェクトになってしまった。その後多くのクラブが生まれては消えていき、運営団体を組織しようとする機運はあったものの、結局一九六八年になってイタリア女子サッカー連盟（ＦＩＣＦ）が結成されるまで待たねばならなかった。

結成されたＦＩＣＦはその年、イタリア初の女子チャンピオンシップを開催した。大会に出場したクラブは、アンブロシアーナＦＣフェミニーレ、ＦＣフェミニーレ・カリアリ、ＡＦＣフィオレンティーナ・ウィメン、ジェノアＦＣフェミニーレ、ＳＳラツィオ・ウィメン、ＳＳＤナポリ・フェミニール、ＡＣミラン・ウィメン、ピアチェンツァＡＣフェミニーレとＡＳローマ・ウィメンという九チームで、翌年にレアル・トリノＦＣウィメンが加わった。

一九六九年一一月、イタリアはデンマーク、イングランドとフランスの女子代表チームを迎えて四カ国によるトリノ大会を主催した。飲料メーカーのマルティーニ&ロッシ社が全チームにユニフォームや用具を支給し、トリノまでの旅費や滞在費もスポンサーとして負担した。そこまでスポンサーが大々的に女子サッカーを支援するような大会は、その後何十年にもわたってほとんど見られなかった。

一九七〇年、イタリア女子サッカー協会は女子リーグを立ち上げようとしたがなかなかうまくいかず、一〇チームはあらたに設立されたイタリア女子サッカー競技連盟（ＦＦＩＧＣ）に加盟して、女子サッカー競技の世界大会、コッパ・デル・モンドを主催した。この大会は最初の非公認の女子ワールドカップとして知られるようになる。参加したチーム、選手やそのほかの女子サッカーの関係者たちは、ＦＩＦＡが女子サッカーの国際大会開催に及び腰であることに業を煮やし、それなら自分たちがやってやろうというのが開催動機になった。コッパ・デル・モンドの決勝戦はトリノで行なわれ、四万人ものファンの前でイタリアが惜しくもデンマークに負けた。

イングランドの男子代表チームが一九六六年にワールドカップで優勝し、イングランドでは女子サッカーへの関心も一気に高まって禁止令解除を求める声が大きくなった。四年後、まだ女子サッカー禁止令を解除していなかったＦＡが抗議したにもかかわらず、非公認の女子代表チームを一九七〇年イタリアで開催されたコッパ・デル・モンドに送りこんだ。

一九七〇年にイングランド女子代表チームを結成したのはハリー・バットだ。バス運転手で五カ国語に堪能なバットは、チルターン・バレー・レディースというバーミンガム西南部にある女子サッカーチームの事務局長をつとめており、ＷＦＡの活動に発足当時からかかわっていた。バットが率いるイングランド女子代表は規模の大きなスタジアムに大勢の観客を集めて試合をし、準々決勝で西ドイツを5－1で下して勝利し、準決勝でデンマークと対戦したが0－2でやぶれた。上々の成績をおさめたにもかかわらず、翌年一九七一年にメキシコで開催される非公認の女子ワールドカップの出場権は、なんら保証されていなかった。

メキシコでの大会はまだ小規模だった。最終的に出場したのは六カ国。ホストのメキシコに加えて、イングランド、アルゼンチン、デンマーク、フランスとイタリアだ。マルティーニ＆ロッシ社が再びスポンサーとなり、各チームの旅費、用具一式と滞在費を出した。地元企業のラッグス・ティーとニコライ・ウォッカも大会に協賛した。コリエーレ・デッロ・スポルト紙は、メキシコシティのアズテカ・スタジアムで行なわれた開幕戦のメキシコ対アルゼンチンには、一〇万人の観客が訪れたと報じている。そしてメキシコとデンマークが対戦した決勝戦は、それ以上の一一万人の観客が見守るなかで開催された。

この大会は、ＦＩＦＡから圧力がかけられたメキシコサッカー協会が猛烈に反対するなかでの開催となった。女子の大会にグラウンドを貸したクラブには罰金を科す、とメキシコサッカー協会は主張した。大会組織者は協会の妨害をかいくぐって開催できるように頭を働かせなくてはならなかった。幸い、首都にあるアズテカ・スタジアムとグアダラハラのエスタディオ・ハリスコはどちらも個人の所有だったので、このふたつの会場で開催することができた。

サッカー協会が反対するなかで、大会組織者たちが大々的な成功をおさめることができたのは、現代人の目から見ればとんでもないと思える露骨な宣伝手法を取ったからだ。前年メキシコの男子サッカーがワールドカップで優勝したことが恥も外聞もなく利用された。試合はまるでキャバレーのショーのように宣伝された。選手たちはホットパンツをはき、身体の線を惜しげもなくあらわにした派手な衣装でプレーした。ゴールポストはピンクに塗られ、女性の警備員、通訳や大会関係者は皆ピンクのユニフォームを着た。選手たちは記者会見や試合後に熱狂的なファンに囲まれる前に、髪を整え、きれいにメークをしてつけまつげをつけた。

ニューヨーク・タイムズ紙は「国境の南でサッカーはセクシーになる」という見出しで大会を報じた。

八月一五日から九月五日まで、二回目となる女子サッカー世界大会が開催される。大会はスポーツ・イベントと美人コンテストが合わさったものになりそうだ。

大会組織委員会会長のハイメ・デ・アーロは「われわれは女らしさを強調するつもりだ」という。サッカーをする女性は男っぽい怪物のように思われるかもしれないが、選手たちは総じてかわいらしい女の子たちだ。

「この世の中で大半の男性たちが情熱を注ぐのはふたつ、サッカーと女性たちだ。だからこのふたつを組み合わせた女子サッカーを楽しんでもらうためには、当然だろう」

このように女子サッカーを安っぽく演出したことは、結局前進の後押しとなった。同じ一九七一年、UEFAは欧州女子選手権を検討するための委員会を立ち上げた。結局委員会は七年後に解散して大会は日の目を見なかったが、FIFAも女子サッカー競技をこれまでのように見下すばかりでなく、わずかにではあったが興味を持ち始めた。イタリアとメキシコでの国際大会がスポンサーとファンを獲得し、商業的にきわめて大きな成功をおさめたことが理由だ。女子サッカーはカネになる。それに気づいたUEFAやFIFAは潜在市場として注目した。

一九七二年四月、ロイター通信はこう伝えた。「女子サッカー選手たちは長年何かの冗談のように扱われてきたが、男性のみが独占してきたサッカーの競技団体はいま、まじめに女子サッカーに取り組もうとしている。女子サッカーのための欧州カップ戦や、女性だけのワールドカップが実現するのは、もはや時間の問題だ」

しかしFIFAの見解は、女子サッカー競技はルールを変更して行なうべきだというものだった。「ボールはより軽く、フィールドは小さく、試合時間は短くなるだろう。それ以上に攻撃での〝非紳士的行為〟という表現は、たとえば〝女性らしくない〟とか〝淑女にあるまじき〟〝しとやかさにかける〟といったものにすべきだ。いうまでもなく、試合後のユニフォーム交換はありえない」とロイター通信はいう。

サッカー競技を統轄するUEFAとFIFAがこのように女子サッカーに対する受け止め方を変えたことで、まだ女子サッカー競技を禁じている国はしだいに居心地が悪くなった。FIFAは加盟メンバーに女子チームの育成と施設の使用を許可するようにうながした。だが、UEFAは委員会を設立したものの、ルール変更を検討するだけに終わった。

そんな動きのすべては、イタリアとメキシコで開催された大会がきっかけとなって起こったものだ。ただサッカーがしたいという情熱だけで、母国を離れて地球の反対側の見知らぬ地に飛び込んでいったまだ十代の女性たちがFIFAやUEFAを動かした。

バットが設立したイングランド女子代表チームの選手、ミッドフィルダーのクリス・ロックウッドは、大会参加は「まるでタイムマシーンに乗って異世界に送り込まれたような感じだった」という。メキシコの大会に向かうために飛行機に搭乗したとき、ロックウッドはまだ一五歳だった。「これからどんなことが起こるのか見当もつきませんでした。それまでの国際大会の経験といったら、シチリア島の公園みたいなピッチで行なわれた小規模の大会くらいです。その試合に勝ってメキシコでの大会の出場権を得たんですけれど」という。チーム最年少の一三歳だったリーア・キャレグは、メキシコ大会前にメデイアからジョージ・ベストのようだと言われていた。

到着した空港で、バット率いるイングランド女子代表チームは盛大な歓迎を受けた。選手たちはフラッシュを浴び、何百人ものファンが応援歌を歌うのに仰天した。宿泊先にまでファンがやってきて、プレゼントを渡し、サインをねだった。母国イングランドではまだ公園やレジャーセンターのようなところでしかプレーしたことがなかった女の子たちは、メキシコでの歓迎ぶりに違いを感じずにはいられなかった。

試合は厳しかった。イングランドはグループリーグでアルゼンチンに4-1で、メキシコには4-0で負け、五位決定戦でフランスに3-2で敗北した。ストライカーのジャニス・バートンは東南部の小さな町、ビグルスウェードで銀行の窓口に座っている女性で、イングランドがあげた三点はすべて彼女がたたき出した。しかし、開幕戦で得点後にピッチを出て脛当てを外したために退場になった。

「私はかかとを蹴られて足が痛んだんです。だからサイドラインを出て脛当てを外したら、許可なくフィールドを出たといって主審が退場を命じました」と彼女はいう。

「アルゼンチンは本当に荒っぽいチームだった」とバットはいう。「イングランドの選手たちは全身傷だらけになった」。その後はもっと手荒な試合が続くのではないかと彼は恐れた。「イタリアとフランスの試合を前夜テレビで見たのだが、サッカーの試合というより闘牛を見ているようだった」

荒々しい身体接触は新聞の一面を飾るニュースになり、イングランドで女子サッカーの試合をめぐる議論にまた火をつけた。「メキシコでの女子ワールドカップで戦った英国の女子選手たち一四人は、満身創痍で昨夜帰国した」とデイリーミラー紙は伝え、ふたりの選手が空港を松葉杖で移動している写真を掲載した。

キャプテンで一九歳のキャロル・ウィルソンと一六歳のイボンヌ・ファーは足にギブスをつけて帰国した。チームのほかの選手と三人の控え選手も、メキシコとアルゼンチンと対戦した試合での淑女にあるまじき行為によって、治療が必要となるほどの怪我を負った。ロンドン・ヒースロー空港に降り立った選手たちは、ウィメンズ・フットボール・アソシエーションから出場禁止命令が出るかもしれないと聞かされた。メキシコでの激闘は「品位を落とした」と協会はいう。「ワールドカップと銘打った大会で、非公認のチームがイングランド代表を自ら名乗って出場するのは〝違反〟である」というのが理由だ。この大会に出場し、ウィメンズ・フットボール・アソシエーションに加盟するチームでプレーしたいと考えている女子選手たちは、調査対象となるだろう。

バットはこの脅しを一蹴し、WFAがイングランドで行なわれる女子サッカー競技を統制する権限をいっさい認めないとした。当時のFIFA会長、サー・スタンリー・ラウスはこの出来事に飛びついた。メキシコ大会で起きた出来事を利用し、これまでとは手のひらを返したような発言で、女子サッカー競技の発展を妨害しようとした。

今回のことに私は驚かない。メキシコで女性たちがサッカーをすれば、何かが起きかねないと思っていた。実のところ、私は国際サッカー評議会で女子サッカー選手たちのためにルールを変更することも考えていたが、メキシコでの出来事を考えるとむずかしいといわざるをえない。このような行為を非紳士的だと片づけるわけにはいかない。それに非淑女的行為という言葉ではとても足りない。私が主審でなかったことをただありがたく思うばかりだ。

ルール変更を考えていたというラウスの言葉はたしかだ。一九七〇年三月、ＦＩＦＡは加盟各国の女子サッカーの状況について調査した。最初の質問は「貴サッカー協会は女性のためのサッカーを公式に認可しているか？」である。回答を寄せた九〇の協会中、認可していると回答したのはわずか一二協会だけだった。アルジェリア、南アフリカ、オートボルタ（現ブルキナファソ）、チャイニーズタイペイ、シンガポール、タイ、グアテマラ、ジャマイカ、フランス、西ドイツ、スウェーデンとウェールズだ。この回答を見たＦＩＦＡは女子サッカーに対して及び腰になった。しかもメキシコでの出来事に対するラウスの発言は、ＦＩＦＡ会長が依然として女子サッカーと距離を置きたがっていることを明確に表わしていた。

しかし女子サッカー競技が国際的に盛り上がっていき、ＦＩＦＡはついに女子サッカーを無視することができなくなる。

イタリアは一九八四年から一九八八年まで四回にわたって国際大会を主催する。ムンディアリート、小さなワールドカップという名称で開催された大会は、毎回大規模に観客を動員した。女子サッカー競技の国際大会の発展に、イタリアで開催されたムンディアリートは非常に重要な役割を果たした。一九八五年にサッカーアメリカ合衆国女子代表チームが初めて出場した国際大会も、イタリアでのムンディアリートだ。イタリアで開催された大会によって、女子サッカーは世界じゅうから選手を集め、ファンを増やした。

選手にセミプロの待遇をしたイタリアは、欧州じゅうから有力な選手たちを引きつけた。イングランド代表でサウサンプトン・レディースFCでプレーしていたスー・ロペスと、代表でのチームメートであるドット・カッセルのふたりは、イングランドからイタリアに移住してプレーした。ロペスは一九七一年にASローマ・ウィメンに移籍し、イングランドで初めて海外でプレーしたセミプロ選手となった。

フランスの女子チーム、FCFランス（現スタッド・ド・ランス・フェミニン）でプレーしていたアイルランドのアン・オブライエン、スコットランドのエドナ・ネリスとローズ・ライリーの三人は、イタリアのチームからスカウトされた。オブライエンはSSラツィオ・ウィメンで、スコットランドのふたりはACミラン・ウィメンでプレーした。ネリス、ライリーと以前にチームメートだったエルシー・クックは、ランスでプレーしていたとき、スコットランド女子サッカー協会が女子サッカーへの支援を欠いていると批判したことで、スコットランド代表としてのプレーを無期限に停止する処分を受けた。そこでライリーはイタリアに帰化して代表になることを宣言し、一九八四年に開催されたムンディアリートで活躍し、チームの最優秀選手に選ばれた。イタリア代表として彼女は二二試合に出場し、一三ゴールを上げて、二〇年間にリーグ優勝を八回経験した。

デンマークのフォワード、スザンヌ・オーギュストセンも、一九七〇年代初期にイタリアでプロ選手のキャリアを築いたスターのひとりだ。五回のリーグ優勝と三回のイタリア杯優勝に貢献し、八シーズン、リーグ得点王となった。一九八五年にはスウェーデンのピア・スンドハーゲもイタリアのSSラッィオ・ウィメンでプレーし、一七ゴールをあげるはなばなしい活躍をした。スンドハーゲは選手引退後、二〇〇八年から二〇一二年にかけてアメリカ合衆国女子代表監督をつとめ、その後スウェーデンの代表監督を経て、二〇一九年よりブラジル女子代表監督をつとめている。

イタリアで活躍した彼女たちは、当時の女子サッカーで頂点をきわめた選手たちであり、自分たちの才能がイタリアでより高く評価されることがわかっていた。イタリアは一九七〇年代から八〇年代にかけて、女子サッカー競技を大きく発展させた唯一の国だった。*スポンサーをつけて競技の市場価値を高めたおかげで、イタリアは何回となくホストとなって国際大会を主催し、女子サッカー選手のプロ化を進めることができ、世界トップの地位を誇った。

女子サッカーの歴史を通して、国際大会はつねに成長促進剤になってきた。女子サッカーを支える人たちの決断力、勇気、闘志と勢いが女子サッカーを発展させたが、そういった精神力だけでは規模の拡大は望めない。国際大会の開催は、女子サッカーの競技としての質を飛躍的に向上させ、認知度を高めた。規模の大きな大会は注目を集める。スケールが大きければメディアの注目度は高くなる。選手たちの活躍は愛国的な競争心をあおり、サッカー協会はプライドをかけて投資に励む。国際大会は国や地域のショーケースなのだ。ＦＡもＦＩＦＡも、女子サッカー競技の国際大会開催を真剣に考えはじめた。

＊一九八〇年までに西ドイツ（当時）の女子サッカー人口は二万一〇〇〇人に増え、初めてのＤＦＢカップが一九八一年に三万五〇〇〇人のファンの前で開催された。デンマークの一九八〇年の女子サッカー人口は二万六〇〇〇人だった。

第9章　いよいよ公認競技へ

一九世紀末から二〇世紀はじめにかけての第一波フェミニズム運動は、産業革命をきっかけに起こり、女性が選挙権、財産権や相続権などの公的権利を獲得することをめざした。第二次世界大戦後に起こった第二波フェミニズム運動は、女性たちがケア労働者、母親や妻として家庭に留めおかれ、看護師、教師や秘書といった職種に仕事が限定されることに対する反発から始まった。

一九六〇年代後半から一九七〇年代初期に起こった第二波は、第一波のときよりもより幅広い問題を取り上げた。セクシュアリティ、職場での権利、避妊もふくめた性と生殖に関する健康と権利、家庭内暴力、性暴力と性的ないやがらせ《セクシャル・ハラスメント》などだ。第一波が主として、女性に対する差別的な法や制度の撤廃に挑んだのに対して、第二波はより幅広く、社会における家父長制の文化に挑んだ。

第二波フェミニズムはアメリカで始まったが、フェミニストの組織や運動は同時期に欧州へ、そして世界へと広がった。しかしフェミニズムがスポーツ分野においてもっとも大きな影響を及ぼしたのは、アメリカである。スポーツ、とりわけ女性のサッカー人口が大きく伸び、アメリカは結果的に女子サッカー選手のプロ化への道を拓いて選手たちにプロとして最高の環境を提供し、サッカーアメリカ合衆国女子代表は世界中から羨望されるチームとなる。アメリカにおける女子サッカー隆盛の鍵となったのは、一九七二年に可決されたタイトルIX《ナイン》と称される連邦法の修正法である。教育改正の一環として可決されたこの修正法は、公的教育機関における性別による差別を禁止し、男女の機会均等を定めた。

ジョン・F・ケネディ大統領が暗殺される六カ月前に議会に提出し、一九六四年に可決された公民権法は、人種、肌の色、宗教、性別と出身国による差別が違法であることを定めた法律だ。これによって学校や公的施設における人種分離は違法となり、雇用差別にも終止符が打たれた。公民権法は、アフリカ系アメリカ人に対する制度的・構造的な人種差別と人種隔離の撤廃を求める長い闘いの結果、成立した（いまも闘いは続いている）。法律制定にいたるまでに、公民権運動として星の数ほどのさまざまな運動や抗議行動が繰り広げられ、国際的な注目を集めた。

ケネディ暗殺後に大統領職を継いだリンドン・B・ジョンソンは、南部選出の議員たちによる議事妨害《フイリバスター》＊を受けながらも、下院と上院の民主党・共和党の超党派の協力によって可決させた。議事妨害は過去に例がないほど長期にわたって実行され、可決にいたる得票数をえるまでに六〇日もかかった。

一九七二年に可決された、教育改正法第九編の通称タイトルIXは、公的高等教育機関における性別に基づいた差別を禁じるものだ。同時にタイトルIXは、連邦政府の財政援助を受けているプログラム／活動における人種、肌の色、出身国による差別を禁じると定めたタイトルVIには含まれていない、性別に

＊議員が法案の通過を妨害するために長い演説をすること。

よる差別の禁止を定めていた。

タイトルⅨに署名したリチャード・ニクソン大統領はこう宣言した。「アメリカ合衆国ではなんぴとも、性別に基づいて、連邦政府の財政援助を受けているいかなる教育プログラムや活動への参加から除外されたり、その恩恵を拒否されたりすることはなくなる」。原文はスポーツについて言及していない。一九七四年にジョン・タワー議員は、タイトルⅨの委任事項からスポーツ分野を除外する、という修正案を提出したが否決された。

タイトルⅨが目に見えてもっとも大きな影響を与えたのは、大学スポーツである。簡単にいえばこの法律によって、学校と大学は男性と女性のアスリートに均等な機会を与えていることを示さねばならなくなった。アメリカでは学校と大学のスポーツは巨大なビジネスである。たとえば二〇一八年に全米大学体育協会は、一一〇〇の教育機関における二四のスポーツ種目での九〇の大会を運営しており、大学スポーツは一八一億ドル規模のビジネスである。現在と比較すると規模は小さいものの、一九七〇年代でもやはり学校と大学スポーツは巨大ビジネスだった。それが一九七〇年代半ばに突然、それまで男子に限定されたアメリカン・フットボール、また男子が多いバスケットとトラック競技などに極端に偏重していた援助プログラムが見直された。女子学生にも男子と同等の予算を振り分けて、機会を与える手立てを講じなければならなくなったのだ。

この法律によって大きな恩恵を受けたのが女子サッカーだった。アメリカにおけるサッカーの位置づけが有利に働いたこともある。英国では男子サッカーが「国家的スポーツ競技」で、文化として大きな位置をしめている。ひるがえってアメリカではサッカーはそこまで人気のスポーツではなく、文化的にも周縁化されていた。女性の繊細な身体にサッカー競技は不向きだとする、一九二一年に英国のサッカー協会が出した禁止令の非科学的根拠とは矛盾して、アメリカではサッカーはあまり激しい運動ではないから女性に向いていると考えられていたのだ。

ノースカロライナ大学で女子サッカーチームのヘッドコーチをつとめるアンソン・ドーランスはいう。「タイトルIXは［女子サッカー発展への］強力な後押しとなりました。ノースカロライナ大学で私が女子サッカーチームを立ち上げた当初、対戦相手がほとんどいなかったのですが、いまでは一〇〇〇以上の大学に女子サッカーチームがあって、男子チームよりも多いくらいです」。ノースカロライナ大学でサッカー選手だったドーランスは、卒業後一九七六年から男子サッカーチームのヘッドコーチとなり、並行して一九七九年に立ち上げた女子チームのヘッドコーチもつとめるようになった。アメリカの大学スポーツのあらゆる種目を通して、彼ほど成功したコーチはいない。ノースカロライナ大学チャペルヒル校の女子サッカーチームは、彼のもとで一部リーグ二二回の優勝を達成した。ノートルダム大学とスタンフォード大学がそれぞれ三回ずつ優勝しているが、ノースカロライナ大学の優勝回数はそれをはるかに上回る。ドーランスはその実績を買われ、一九八六年から一九九四年まで、サッカーアメリカ合衆国女子代表チームの監督もつとめた。

タイトルIXの効力を過大評価しているのではないか、という私の問いに対し、ドーランスはきっぱりと「それはない」と言い切った。「なぜならタイトルIXのおかげで、選手層が厚くなったからです。タイトルIXがアメリカの大学スポーツを大きく発展させたことを過小評価はできません」。大学サッカー組織の基盤が法律改正によって拡大したことの重要性を、彼はこう説明する。

アメリカを代表する女子サッカー選手たちは、総じて運動能力が非常に高い。なぜなら私たちは、選手を分厚く幅広い層から選べるからです。欧州の大半の国では一七歳から二一歳の選手層が厚くありません。しかもアメリカの大学サッカーチームの選手たちは初心者のときから激しい競争にさらされてきて、勝利の方程式を理解しています。

一七歳から一九歳でマンチェスター・シティ、アーセナルやチェルシーの女子チームに入るというイングランドの選手たちに、勝利への渇望がどれくらいあるでしょうか。たしかに欧州の一流クラブに入れば、ポゼッションの能力やプレーのスピードは向上するし、戦術面も磨かれていく。でも彼女たちが試合の勝ち負けに対して責任をとることはない。

アメリカの大学では多くの選手たちが、勝敗のプレッシャーにさらされます。アメリカの選手たちがほかの国の選手たちと異なるのは、勝利のメンタリティをたたきこまれている点です。チェルシー、アーセナル、マンチェスター・シティの選手たちはエリートのタレント揃いです。でもイングランドの選手層は分厚くも幅広くもない。

サッカーアメリカ合衆国女子代表チームのスターたちの多くがドーランスのもとでプレーした。ワールドカップでの優勝経験がある選手のなんと三分の一が、ドーランスの指導を受けている。二〇一九年にフランスで開催されたワールドカップで全試合出場した五人の選手は、ノースカロライナ大学の卒業生だ。二〇二〇年にFIFA最優秀女子選手に選ばれたイングランド代表のルーシー・ブロンズは、十代はじめからサマーキャンプでドーランスの指導を受け、ノースカロライナ大学で一年プレーしたのちに、アメリカ代表監督がイングランドのスカウトに彼女の将来性を指摘した。
イングランド女子代表チームのテクニカル・ヘッドコーチであるケイ・コッシントンは、イングランドの女子選手たちの進路を根本的に変革する任務が課せられた。タイトルIXによって選手層を厚くしたアメリカと同じことをイングランドでやれるはずもない。そこでコッシントンは別のやり方で選手層を分厚くする道を探った。

私たちの競争相手となる各国のチームを長い年月をかけて研究しました。アメリカがライバルのひとつであることはまちがいありません。でもアメリカには、私たちがどうやってもかなわないことがあります。タイトルIXは大学で男女に均等の機会と権利と援助を与えます。私たちはその点では競争できない。しかしイングランドの社会と文化にふさわしい何かをつくりだす必要があるのです。私たちは選手たちに、何のためにアメリカに行くのかを話しました。ふたつの重要なものを手に入れるためだ、と。全額支給奨学金を獲得して教育資金を得ること、そしてレベルの高いところでの競争です。

教育の機会とレベルの高い競争の場を与えた制度によって、アメリカの女子サッカーは進歩した。タイトルIXは若い選手たちが早い時期からサッカーに打ち込むことを可能にし、そのおかげでアメリカは一九七〇年代のごく短期間に女子サッカーで世界一となる力をつけ、今日にいたるまで打ち負かすのがほぼ不可能なほどの強さを誇っている。

タイトルIXのおかげで、アメリカの女子サッカーは現時点においてほかのどの国や地域でも見られないほどの大転換をとげたのはまちがいないが、一九七〇年代はじめから女子サッカー競技が盛り上がりを見せたのはアメリカだけではない。アジアでも多くの国々で一九六〇年代後半から独自の女性解放運動が展開され、女子サッカーの大会が始まった。

一九七五年にはアジア女子サッカー連盟（ALFC）が主催するアジア女子選手権が香港で開催された。ALFCがアジアサッカー連盟に吸収されてからはAFC女子選手権となり、二〇〇六年に女子アジアカップと名称をあらためて現在にいたっている。また一九八四年から一九八八年までイタリアが主催した女子の国際大会、ムンディアリートに日本や中国などアジアの国も参加した。一九八一年には日本がホストとなって、その前身となる大会が神戸で開催された。〔一九八一年、神戸ポートアイランド博覧会の関連イベント「ポートピア'81」として開催され、日本代表はイングランドとイタリアと対戦した〕

こういった女子サッカーの大会開催がFIFAとUEFAにとって圧力となり、女子サッカー競技を正式に認める方向へと動かした。一九八六年、ノルウェーはメキシコシティで開催された国際サッカー連盟（FIFA）総会にエレン・ヴィッレを代表として派遣し、一五〇名の男性たちの前で女子サッカーを公式に認めるように促した。

女子サッカーの「母」と呼ばれるヴィッレは、のちに当時のことを振り返ってFIFAにこう話した。

私はノルウェーで女子サッカーを認めてもらうように闘わねばなりませんでした。私はその闘いを国際的に広げて続けていきたかったのです。だから私はFIFAの総会でステージに上がり、資料のどこを探しても女子サッカーについてふれていないことを指摘しました。また女性たちはいまこそ自分たちのワールドカップを開催すべきだし、オリンピックのサッカー競技に加わるべきだと話しました。

ラウスのあとを継いでFIFA会長となり、議長をつとめていたジョアン・アヴェランジェは、驚いたことに彼女の提案に同意し、女子サッカーを支援すると発言した。当時FIFA事務局長だったセップ・ブラッターを女子サッカー競技を検討する責任者に任じた。歴史上初めて、女子サッカーは公式に認可された国際試合の舞台に立つための一歩を踏み出した。ネッティ・ハニーボールという偽名を使った女性が初めて公式試合を行ってから一世紀後のことだ。

エレン・ヴィッレがメキシコシティの総会で要求を突きつけてから二年後の一九八八年六月一日から一二日にかけて、FIFAは初となる女子サッカーの国際試合を中国の広州で開催した。選抜したチームを招待しての大会はしかし、様子を見るために非公式となった。アヴェランジェ会長が威勢よく後押しを約束し、それまで非公式ながらさまざま大会が開催された実績があるにもかかわらず、FIFA公式の女子サッカーの大会を開催するためには、まずは可能性を探るための調査が必要だと考えられたからだ。

六大陸から一二の代表チームが招待された。UEFA欧州サッカー連盟からはスウェーデン、ノルウェー、オランダとチェコスロバキア（当時）。CAFアフリカサッカー連盟からコートジボワール、C

ONMEBOL南米サッカー連盟からブラジル、OFCオセアニアサッカー連盟からオーストラリア、CONCACAF北中米カリブ海サッカー連盟からカナダとアメリカ、AFCアジアサッカー連盟からは中国、日本とタイが招待された。

中国対カナダの開幕戦が行なわれた広州の天河体育中心体育場には四万五〇〇〇人もの観客が詰めかけ、ホスト国の中国が2−0で勝利した。大会を通して延べ三七万五七八〇人の観客を集めたが、観客動員以外で女子サッカー競技の発展をうかがわせるところはなかった。女性は男性と同じように競技をする能力がないという見方がいまだに根強く、試合時間を八〇分に設定したことへの論議はおさまらず、より小さいボールを使用することも検討された（ありがたいことにその案は棄却されたが）。

ノルウェーとスウェーデンが決勝に進み、三万五〇〇〇人の観客の前でノルウェーのエース、リンダ・メダレンが五八分にあげたゴールが決勝点となった。大会の成功に意を強くしたFIFAは、ついに女子サッカーの公式大会を一九九一年に開催すると決めて準備に入った。

しかしFIFAは注意深く育ててきたワールドカップのブランドが、女子サッカーの影響で傷つくのではないかと恐れた。そこで製菓メーカーのマース インコーポレイテッドを大会スポンサーにつけて、大会を「FIFAワールド・チャンピオンシップ・フォー・ウィメンズ・フットボール・フォーM&Msカップ」という名称で開催することにした。実質的には最初の女子ワールドカップであったにもかかわらず、ワールドカップの名称を使用させなかったのだ。女子サッカー競技はまだその価値を証明しておらず、試合時間はまだ八〇分のままだった。アメリカ合衆国代表のキャプテン、エイプリル・ハインリクスはFIFAのこの姿勢を痛烈にこう批判した。「あの人たちは、私たちが九〇分プレーしたら卵巣が落っこちてしまうんじゃないかと思ってるのよ」

一九九一年の大会にはブラジル、中国、デンマーク、ドイツ、イタリア、日本、ニュージーランド、ナイジェリア、ノルウェー、スウェーデン、チャイニーズタイペイとアメリカの一二の代表チームが参加した。会場はまた中国だった。中国はオリンピック開催国に立候補しており、スポーツの国際大会のホストとなる力があることを示そうと熱心だった。大会組織者たちはスタジアムを確実に満員にするため無料のチケットを配り、地元の工場の従業員を動員するように圧力をかけた。中国がノルウェーを4-0でくだした試合には六万五〇〇〇人が集まり、二週間に及ぶ大会で動員されたのは五一万人にのぼった。

アメリカはアンソン・ドーランス監督のもとで初めての決勝の舞台に立った。決勝進出を決めたノルウェー戦では、前半と後半にミシェル・エイカーズがゴールし、2-0で勝利した。エイカーズは大会で一〇ゴールをあげて得点王となり、ゴールデン・ブーツ賞を獲得した。一九九一年大会の成功は、女子サッカー競技が歩んできた軌跡の中でひときわ輝いている。世界の舞台に立つための予選が年間スケジュールとして組まれるようになった。FIFAが女子サッカーを公式に認めたことで、各国のサッカー協会は競って女子サッカーに力を入れはじめた。

一九九一年の優勝は、アメリカの女子サッカーがタイトルⅨのおかげで大きく発展できたことの証明となった。ドーランスはいう。「一九八六年にサッカーアメリカ合衆国女子代表監督に就任した時点で、アメリカはまだ一度も国際大会で勝ったことがなかったんです。それが五年後には世界チャンピオンになったんですからね。私は大学と同じやり方で、代表チームをつくりあげました」

一九九一年サッカーアメリカ合衆国女子代表チームのもうひとつの成功の鍵となったのが、ドーランスが採用したシステムだ。彼はそれを支えた精神力についてこういう。

三人しか交代枠がなくても、私たちはプレスをかけつづけました。私が個人的に対戦するといやなシステムをやりたかった。私がぜったいに対戦したくない選手は、試合中ずっと私の目の前にいて、ボールを持ったら即座に奪おうとして、私に息つくひまも与えない選手です。一九九一年の大会で私たちは3-4-3のシステムで闘いました。なぜか？　なぜならプレスをかけつづけるのに一番簡単なのが3-4-3だからです。

優勝できたのはたくさんの理由があります。一番には私たちの精神力です。負けたらもう明日はこない、徹底的にやってやろうという気持ちで闘いました。

おもしろいのは私たちが一九九一年に対戦したチームは、ほとんどが4-4-2のシステムを採用していたことです。私たちは異色でした。ボールを失うと私たちはすぐに取り戻しにいきました。相手チームのコーナーフラッグの隣でボールを奪われたら、そこから私たちは奪い返しにいきます。決してあとに引かず、押し込まれないように、一瞬たりとも気を抜かずに闘う。相手より一歩でも前に出て、足を出して、相手ののどをつかむほど闘志をむき出しにする。それが私たちの哲学でした。

帰国しても、優勝したというのにたいして話題にもならなかった。アメリカでは試合の放映がなかったので、歴史的な優勝の瞬間を目撃した人がほとんどいなかったからだ。帰国した選手たちを包む祝賀ムードは希薄だった。当時のジョージ・ブッシュ大統領がホワイトハウスでレセプションを開いたのが最大のハイライトだ。ドーランスは当時を振り返って言う。

中国からの帰国便でミシェル・エイカーズはひとりの老婦人の隣に座っていました。ミシェルは興奮がさめず、有頂天でした。世界チャンピオンになったのですから当然でしょう? 隣の老婦人がそんな彼女を見て聞いたんです。「あなた、中国で何をなさっていらしたの?」。ミシェルは勢いこんで答えました。「私たち、中国で初めて開かれた女子サッカーの世界大会に出場して、優勝したんです!」。老婦人は彼女のほうに身を寄せていった。「まあ、それはよかったわね」

そんな反応しかありませんでした。アメリカでは誰もそんな大会があることさえ知らなかったし、優勝したって誰も気にも留めませんでした。メディアで報道されませんでしたから。私たちのことを報じたのはUSAトゥデイだけ。私たちが準決勝に勝利したとき、ロサンゼルス・タイムズとニューヨーク・タイムズが飛びつくと思ったけれど、誰も真剣に報道しようとはしませんでした。私たちが無名だったからです。

しかしその後の年月で、チームが中国で築いた基盤は、アメリカにおける女子サッカーの発展にとてつもなく重要だったことが証明される。

四年後の一九九五年、ついに大会はFIFA女子ワールドカップの名称で開催され、試合時間は男子と同じ九〇分になった。（FIFAは各チームが前半後半それぞれで二分間の小休止をとる、という条件で九〇分の試合時間に同意した。）スカンジナビア半島の国々が女子サッカー競技を発展させた中心地だったことから、二回目となる女子ワールドカップはスウェーデンで開催された。

大会に参加したのはおなじみの代表チームだったが、オーストラリアとカナダに続いて、イングランドが公式の女子ワールドカップに初出場した。一九七一年にFAがイングランドで女子サッカーの禁止令を解除し、翌年にWFAが正式にイングランドの女子チームを結成した。それまでハリー・バットが育ててきた非公認チームがFA公認のチームになったのだ。WFAが公認したイングランド女子代表チームは、一九七二年一一月一八日に、スコットランド代表と初めての公式試合を戦って3－2で勝利した。初ゴールをあげたのはシルビア・ゴアだ。WFAのもとで、イングランド女子代表は一九八四年から始まったヨーロッパ女子サッカー競技会にも参加した。一九九一年にこの大会がUEFAの主催となり、名称が欧州女子選手権に変更されてからも出場した。一九九一年のワールドカップ予選をかねた欧州女子選手権で、イングランドは準々決勝でドイツに1－6でやぶれ、出場権が獲得できなかった。

一九九三年、FIFAからすべてのサッカー競技はひとつの協会が管理すべきだと促されたこともあり、FAは、それまで日常的な運営業務をになってきたWFAから、女子サッカー競技の運営を自らの組織に組み入れることを決めた。国際試合の経験があるジュリー・ヘムズリーがFA評議会のメンバーとなった。イングランド・サッカーの統治機関であるFA評議会で初の女性メンバーである。

しかしWFAをFAに組み入れる決定を誰もが歓迎したわけではない。FAの〝乗っ取り〟を懸念する声があった。WFAで事務局長をつとめていたリンダ・ホワイトヘッドは「多くの人たちがたいへん苦々しく感じた。FAは女子サッカー競技の運営を望んでいたわけではない。FAはただ私たちの上に立って踏みつけたかっただけだ。それが彼らのやり方だった」とインディペンデント紙に語った。

現在FAで女子プロサッカー理事をつとめるケリー・シモンズは、三〇年以上前のその変革は、FAにとって非常に大きなものだったとしてこういう。

当時FAは本当に小さな組織でした。予算もほとんどありませんでしたし、草の根の活動には何もせず、イングランドの外のことにも関わりませんでした。FAカップを開催し、地域のサッカークラブを統轄して、スタッフをまとめるので精一杯でした。テレビでの放映権料が入ってくる前だったことを忘れないでください。サッカーの商業化はようやく始まろうかというときで、プレミアリーグは発足してまだ一年しかたっていませんでした。

FAは男性中心の組織風土でした。FA評議会は男性で占められていて、当時はまだ理事会はありませんでした。FAの仕事の九五パーセントは男子サッカーでしたが、協会の活動は個人的な支援に頼っていて、主要メンバーの男性同士の連帯によって組織が成り立っていました。

WFAからイングランド女子代表チームを引き継いだFAは、テッド・コープランドを監督に任命した。彼の指導力のおかげで、チームは一九九五年欧州女子選手権で準決勝進出を果たして同年に開催された女子ワールドカップへの出場権を獲得した。(欧州女子選手権の準決勝はホーム&アウェイで行なわれ、イングランドはまたもやドイツに二試合合計2–6でやぶれた。)

イングランド女子代表がデビューしたFIFA女子ワールドカップを、国内メディアはほとんど報じなかった。試合ハイライトはテレビで放映されたが、新聞には小さな記事しか出なかった。インディペンデント紙はワールドカップに初出場する女子代表チームを取りまく雰囲気をこうまとめている。

バークシャーにあるビーシャム・アビー・ナショナル・スポーツセンターは気持ちよく晴れていた。イングランド代表のアラン・シアラーとデイヴィッド・プラットのふたりは、メディアの注目のなか、アンブロ・カップにそなえてトレーニングを行なっていた。突然テレビのカメラマンのひとりを呼ぶ、うるさい声が響いた。「俺たちはこっちだぞ、エイモス！」。エイモスがカメラをそちらに向けると、隣のピッチでショーツ姿の女性たちがマイクを持ったリポーターを囲んでいた。

エイモスを呼んだリポーターは言った。「アンブロ・カップのことは忘れてもいいぞ。われわれの女子代表チームがワールドカップに初出場するので、スウェーデンにいくんだからな」。しかし英国の一般の人たちはエイモスと同じように、女子サッカー選手のほうを注目しようとはしなかった。それでも女子選手たちは、隣のピッチの男子選手たちと比べても遜色ない熱意をもって、大会に向けて練習に励み、これまでにない注目を集めている大会に向けて準備に余念なかった。

イングランド女子代表チームのスウェーデンまでの旅費を支給するスポンサーはつかず、二〇名あまりのチームは最初の試合の五日前にやっと全員そろって練習できた。対照的にホスト国のスウェーデンと日本とカナダは、大会の二カ月前からトレーニングをしていた。前大会優勝のアメリカは一二五万ドルの予算をつけ、選手たちに一月から賃金を払ってトレーニングさせていた。イングランドの監督テッド・コープランドは「そんなチームにわれわれはとてもかなわない」とこぼした。

そのとおり、チームはとてもかなわなかった。「イングランドが崩壊」とリーディング・イブニングポスト紙は小さく報じた。イングランドは準々決勝でドイツに0－3で負けた。「ゴールキーパー、ポーリン・コープのスーパーな働きにもかかわらず」イングランドは負けた。だが巨額の予算と長い準備期間にもかかわらず、アメリカは準決勝でノルウェーに0－1でやぶれた。ノルウェーとドイツが決勝に進出し、ノルウェーが2－0で勝利して優勝した。

二回目となったFIFAが主催する国際大会で、女子サッカーは三つの重要なものを手に入れた。ひとつは、サッカー競技をグローバルに統括するFIFAが、女子サッカーから手を引くつもりがないことを世界にはっきりと示したことだ。そこで各国のサッカー協会は、国内で女子サッカーの発展に力を入れることが重要だと認識するようになった。ふたつ目は、一九九六年に開催されるアトランタ・オリンピックへの出場資格がワールドカップの成績上位七チームに与えられたことだ。（よってイングランドはオリンピック出場権を得られなかった。）そして三つ目が、準々決勝にスウェーデン、ノルウェー、デンマークとドイツが進出したことで、欧州勢が女子サッカーの強豪となったことを世界にはっきりと示したことである。

第10章　女子サッカーのパイオニアたち

　スカンジナビア諸国はなぜ一九七〇年代の草創期から二〇〇〇年代の隆盛期まで、女子サッカーを牽引してきたのだろうか？　デンマーク、ノルウェーとスウェーデンはなぜ強豪になったのか？

　スカンジナビア諸国とアイスランドとフィンランドを加えた北欧諸国は、ジェンダー平等社会の実現に向けて、長年にわたって世界の先頭に立って取り組んできた。北欧諸国は世界でもっとも早く女性が参政権を獲得した国々であり、より公平な社会にするための法制化をはかってきた。たとえば結婚や出産を理由に解雇を禁止する法律の制定がそのひとつだ。

　スウェーデン、ノルウェーとデンマークは男女の賃金格差が世界でかなり小さい。二〇二〇年のOECDの統計では、スウェーデン七・四パーセント、ノルウェー四・八パーセント、デンマーク五パーセントである。英国一二・二パーセント、アメリカ一七・六パーセント、ドイツ一三・八パーセント〔日本は二二・五パーセント〕と比較すると、いかに男女賃金格差が小さいかわかるだろう。北欧諸国はまた雇用人口や求職人口の男女比がほぼ同じで、雇用におけるジェンダー平等が世界のほかの国々と比較してかなり進んでいる。

社会的責任をジェンダーが平等に負う社会を築くことによって、北欧諸国は国際連合の世界幸福度報告において高く評価されていることで有名だ。[*]ジェンダー平等社会であるおかげで、これらの国々においては歴史的に女性と少女がサッカー競技に興じる割合が、世界のどの国や地域よりも高かった。女性がサッカーをする権利は、広範囲に及ぶジェンダー平等運動の一環だったからだ。

ノルウェーでは女性たちは一九二八年からサッカーをしていた。オリンピックのフィギュアスケートで三回金メダルを獲得し、のちにハリウッドで映画女優になったソニア・ヘニーは、女子サッカーの草創期にアトラクションでサッカーをプレーしていたことがある。スウェーデンでは一九一八年に、慈善目的の興行試合で女子チームが男子チームと試合をしていた。その点はイングランドと似ている。

しかし進歩的なスカンジナビア諸国の社会にあっても、女子サッカー競技が草創期において社会全般に広く受け入れられていたわけではない。その発展にはやはり、断固とした信念を持った個人やグループによる努力が必要だった。ノルウェーの女子サッカーを発展させた主要人物のひとりが、モルフリッド・クーボースだ。「ノルウェー女子サッカーの母」と呼ばれるクーボースは、一九五二年、一〇歳のときに地元ソール・トロンデラーグのボルサ・ボーイズ・チームに入って頭角をあらわした。彼女はまたスピードスケーターとしても活躍し、サッカーだけでなくハンドボールもプレーするなど、高い身体能力を生かしてさまざまな競技で力を発揮した。

＊二〇二一年の報告書では、幸福度一位がフィンランド、二位デンマーク、四位アイスランド、五位ノルウェー、七位スウェーデンとなっている。

一九七〇年、クーボースは自分が所属していたオスロのスポーツクラブ、BULを率いて、アマゾン・グリムスタッドと五〇〇〇人以上の観客を集めて試合をした。これは一九二〇年代後半に行なわれた非公式な公開試合以来の女子サッカーの試合だった。観客のお目当てはグリムスタッドの選手で、「ブロンドのペレ」と呼ばれたエルセ・バスタルだ。バスタルは二ゴールをあげたが、クーボースが率いるBULが最終的に4-2で勝利した。

この試合は女子選手だけのチーム同士が対戦したが、どちらのチームもノルウェーサッカー協会の管轄外で運営されていた。クーボースと彼女のチームは女子サッカー競技を正式に認可するようにとサッカー協会に働きかけていたが、結局公認されたのは一九七六年になってからで、その二年後にノルウェー女子代表チームが結成された。

隣国のスウェーデンでも同様に、一九六〇年代に女子サッカーの人気が高まった。一九六四年、スウェーデン南部のレーベリュドのチームがデンマークのチームと対戦した。それは非公式ではあったが初の国際試合である。一九六〇年代後半には青少年センターや大学が主催する少女たちの大会が各地で行なわれ、国全体で女性たちがサッカー競技を楽しむようになった。

一九六〇年代末、メディアで取り上げられないために自分たちの地域以外でどのような活動をしているかを知らなかった女子チームの間に、まず地域リーグをつくろうという動きが持ち上がった。パイオニアとしてもっとも影響力を持ったチームのひとつが、エクサベックIFである。一九六六年に人口九〇〇人の小さな村で、地元のゲヴァABという織物工場で働く女性たちが結成した。エクサベックは地域リーグから全国リーグを結成するにあたって中心的な役割をはたした。彼女たちの活動はメディアの注目を集め、スウェーデンのほかの都市、マルメ、ウメオやヨーテボリにある女子チームに刺激を与えた。各地の女子チームは地域のサッカー協会に働きかけて、ついにはスウェーデンサッカー協会に女子サッカー競技への支援を約束させるところまでこぎつけた。一九六九年までに、ストックホルム、マルメとヨーテボリにはそれぞれリーグができた。その年の暮れに、スウェーデン政府は国民の健康増進のために非エリートのスポーツを支援する政策を打ち出した。しかしスウェーデンサッカー協会は女子サッカーチームを歓迎する姿勢からはほど遠かった。

だが女子サッカーの隆盛は無視できないほどになった。女子選手の登録数は一九七〇年の七二八人から一九七一年に四九〇一人に増えた。各地の女子チームが地域リーグに所属して盛んに活動するようになったおかげである。一九七一年にはＦＩＦＡが初めて女子代表の国際試合（フランス対オランダ）を公認したこともあり、スウェーデンサッカー協会はついに女子サッカー競技の運営母体となることを検討する委員会の設置を決めた。生理学的な見地から、女性がサッカーをすることにはリスクがあると委員会が結論を出したにもかかわらず、女子サッカーは全国で「急速に発展し収拾がつかないほどの勢い」になっており、ついに一九七二年にスウェーデンサッカー協会は女子サッカーを管轄下に置くことを決定した。翌年、女子サッカー選手権が開催され、エクサベックＩＦが初代王者となった。また初の公式国際試合も開催された。一九八〇年までに、スウェーデンの女子選手の登録数は二万六五二二人になった。

一九八四年、スウェーデン代表は欧州女子選手権で優勝した。国際試合にデビューしてから一一年後のことである。チームを牽引したのはストライカーのピア・スンドハーゲだ。スンドハーゲは二〇一二年から二〇一八年までスウェーデン女子代表チームの監督をつとめた。一九八四年から二〇一三年までの期間に開催された欧州の一一の大会で、スウェーデンは優勝一回、準優勝三回の成績をおさめた。一方、ノルウェーは優勝二回、準優勝四回である。

スカンジナビア諸国が女子サッカーを牽引していた二〇世紀後半に、西ドイツでも女子サッカーは興隆していた。一九九五年ワールドカップで優勝したのはノルウェーだが、準優勝は西ドイツである。

一九五五年から一九七〇年まで、西ドイツで女子チームの創設や運営は禁止されていた。ドイツサッカー協会会長、ペコ・バウベンスは協会の総意として「われわれはこの件［女子サッカーの公認］を今後も決して真剣に検討することはない。それはドイツサッカー協会が取り組む問題ではない。どこかの街で一〇人かそこらの女性たちが集まってサッカークラブを作るのは勝手にやったらいいが」といった。

東ドイツでは女性がサッカーをすることを禁止していなかったが、プロのスポーツというよりも職場のレクリエーション活動のひとつとして扱われていた。しかし一九七一年末に、東ドイツでは一五〇の女子チームが活動していた。西ドイツでは同じ年に最初の女子サッカーリーグが発足している。

国家代表チームは東ドイツ、西ドイツともに一九八〇年代に結成された。だがその後の活動は東と西で異なった。ドイツ民主共和国（GDR、旧東ドイツ）の女子代表チームは一九八九年に結成され、一九九〇年五月に当時のチェコスロバキアと対戦し、0–3でやぶれたのが最初で最後の試合となった。その五カ月後、ベルリンの壁が崩壊してドイツ民主共和国は消滅し、従ってドイツ民主共和国女子サッカー代表チームもなくなった。

西ドイツ（FDR、ドイツ連邦共和国）代表チームの初試合は一九八二年。スイスと対戦して5–1

で勝利した。一九八九年、西ドイツはヨーロッパ女子サッカー競技会（その後のＵＥＦＡ欧州女子選手権）のホスト国となり、決勝でノルウェーを4－1でやぶって優勝した。西ドイツ女子代表チームがそれだけ力をつけることができたのは地域リーグが充実したからで、一九九〇年からは全国リーグの女子ブンデスリーガが発足した。

ドイツ代表選手で、のちに女子代表監督をつとめたジルフィア・ナイトは、一八歳で西ドイツ代表に初選出されて試合に出場したときのことをこう語る。

一九八二年、西ドイツ女子代表にとって初の国際試合となったスイス戦は、私の人生を変えました。当時代表監督だったゲロ・ビサンツはすばらしい仕事を成し遂げました。代表監督に就任した時点でまだ女子ブンデスリーガは発足していなかったから、まずは選手の発掘から始めなくてはならなかったのです。北部と南部でトレーニング・セッションが開催され、それぞれ三〇人ずつ呼ばれました。そのなかから一六名が選出されて、最初の国際試合に出場したのです。コブレンツで開催された試合は五〇〇〇人の観客の前で行なわれましたが、そのなかにはただ私たちをからかうために来ている人たちがいるとすぐにわかりました。ほんとにいやな感じでした。でももちろん試合は代表チームの活動の出発点として重要でした。一九八八年ベルリンで行なわれた西ドイツサッカー協会が主催するＤＦＢカップの決勝戦で、男子の決勝戦の前に女子の決勝戦が行われて私も出場しました。私はその試合で最優秀ゴール賞を授与されました。

当時は、そしていまもそうですが、成功の実績を示すことが要になります。優勝しなかったらメディアに注目されないし、メディアで取り上げられないとクラブにお金は入ってきません。代表チームとしても実績を上げることがものすごく重要です。私たちは優勝したからこそ、要求を出すことができました。「私たちにはアシスタント・コーチと理学療法士が必要です」と。優勝後、女子代表チームの待遇はぐっと改善されました。

成功がつぎの成功を呼びこむ。ドイツは一九八九年から二〇一三年まで欧州女子選手権で八回優勝した。一九九五年にワールドカップで準優勝したのち、二〇〇三年と二〇〇七年にはついに優勝し、二〇一六年のオリンピックでも優勝した。

ドイツとスカンジナビア諸国がこの期間に女子サッカーの国際大会で好成績をおさめることができたのは、国内のクラブチームが力をつけたおかげである。近年イングランドでも、男子選手と女子選手のスキルに差があるのは、女子サッカー競技のプロ化が進まず、発展させるための投資が不足しているためだと指摘されるようになっている。プロ化のための環境を整え、投資を促進することが重要だという議論は、ドイツとスカンジナビア諸国ではもっと早く始まっていた。国内リーグを充実させることで日常的なトレーニング環境が整い、それが頂点に立つエリート選手の育成につながる。歴史的に男子に遅れをとっている女子サッカーのレベルを向上させるためには、それが肝要なのだ。

二〇〇一年にＵＥＦＡ欧州サッカー連盟による女子クラブチームの選手権大会、ＵＥＦＡ女子チャンピオンズ・リーグ（初期にはＵＥＦＡウィメンズ・カップの名称）が始まった。この大会ほど、草の根レベルの底上げの重要性をはっきり示したものはない。二〇〇二年から二〇一五年まで、ドイツのチームが九回優勝している。アイントラハト・フランクフルト・フラウエンが四回、1．FFCトゥルビネ・ポツダムとVfLヴォルフスブルクが二回ずつ、MSVデュイスブルクが一回だ。その間、女子サッカーのパイオニアで、スウェーデン・リーグで二〇〇〇年から二〇〇八年まで七回優勝しているウメオIKウィメンが、二〇〇三年と二〇〇四年にスウェーデンのクラブとして最初の（そしていまのところは唯一の）チャンピオンズ・リーグの覇者となった。二〇〇〇年代初期の一四年間で、ドイツとスウェーデンのクラブがチャンピオンズ・リーグにおいて圧倒的な強さを見せ、優勝をはばんだチームはイングランドのアーセナル・ウィメンFCとフランスのオリンピック・リヨンのふたつしかない。そのふたつのチームはどちらも国内リーグにおける女子サッカーのパイオニア的存在だった。

イングランドでは一九九三年にFAが女子サッカーを管轄するようになり、二〇〇八年にウィメンズ・スーパー・リーグ構想が立ち上げられた。その期間にイングランドの女子サッカーで圧倒的な強さを誇ったクラブは、一九八七年にヴィック・エイカーズがアーセナル・レディースFCという名称で創設したチームである。（二〇一七年にアーセナル・ウィメンFCに改称）アーセナル・レディースFCは、イングランド内における女子サッカー競技の人気を独占し、ほかのクラブに先駆けて、男子チームのコンセプトを女子チームにも適用した。ウィメンズ・スーパー・リーグが本格的に稼働した二〇一一年以前に、アーセナル・レディースFCが獲ったタイトルは一二。そのほかのクラブでアーセナル・レディースFCのライバルとなったのはクロイドン・ウィメンズFCで、三回優勝している。ほかにはドンカスター・ローヴァーズ・ベルズLFCが二回優勝し、二位が七回、エヴァートンLFCが一回優勝して二位が五回だった。ウィメンズ・スーパー・リーグ発足前はイングランドの女子サッカーを牽引する存在だった。ウィメンズ・スーパー・リーグが発足してからも、二〇一一年と二〇一二年、二〇一八―一九シーズンの三回の優勝を誇っている。

創設者のヴィック・エイカーズはチームの成功と発展を支えた中心人物だ。三部と四部のリーグでレフトバックとしてプレーしていたエイカーズは、現役を引退するとアーセナルで地域の下部組織を担当する仕事につき、やがてアーセナル・レディースFCを発足させた。男子のトップチームを率いるジョージ・グラハムのもとで、用具を整えるホペイロの仕事をしていたエイカーズだが、並行して女子チームの仕事もこなせると自信があった。

二〇一六年にエイカーズはオフサイド・ルール誌で当時のことをこう語っている。

われわれにはあまり予算がありませんでした。女子選手たちは昼間働いていたから、トレーニングは夜間の数時間になります。夜九時にならないと練習が始められないことがよくありました。選手たちの何人かが練習場までやってくるのに時間がかかったからです。それでも続けていけたのは、彼女たちの努力が半端ではなかったからです。全員がチームのために一生懸命で、支援をぜひとも必要としていました。

エイカーズのスカウティングの眼力は秀でていた。当時彼のアシスタントをつとめ、現在はチェルシーFCウィメンの監督をつとめているエマ・ヘイズも、彼の目の確かさを証言する。アーセナルの理事たちとデイヴィッド・デイン前副会長が支援して、エイカーズは選手たちの何人かにクラブで仕事ができるように環境を整えた。そのおかげで女子チームはプロに近い待遇でプレーできるようになった。彼のもとでアーセナル・レディースは、プレーだけでなく、管理業務、チケット販売とユニフォームの洗濯もクラブに任せられるようになった。男子チームと同等のそのようなサービスを受けられる女子チームはほとんどなかった時代だ。いまと比べるとその程度の支援は最低限だと思われるかもしれないが、アーセナル・レディースが母体であるアーセナルFCに公認されたチームとなり、男子と同じユニフォームを使用して、そのブランド力を利用できたのは画期的なことだった。

エイカーズは選手にたくさんのことを要求した。心身ともにコンディションを整え、健康的な生活を送るという、ピッチを離れた生活全般の管理も求めた。当時男子チームの監督だったアーセン・ヴェンゲルが選手の生活習慣にまで目を配ることで、劇的にチームが変わったことに影響を受けてのことだ。

イングランドにおける女子サッカー競技を発展させる大きな原動力として、エイカーズはFAからの支援の必要性を主張し、国立競技場であるウェンブリー・スタジアムでウィメンズFAカップの決勝戦を開催する要求を出し続けた。長期にわたった要望がかなったのは二〇一五年だ。

アーセナル・レディースがエイカーズのもとで初めて優勝のトロフィーを掲げたのは一九九二年で、それまで二部リーグにいたクラブは女子プレミアリーグに昇格した。昇格したシーズンに優勝したアーセナル・レディースは、一九九〇年代と二〇〇〇年代を通してイングランドの女子サッカーの圧倒的な強豪チームとなった。スコットランドのフォワード、ジュリー・フリーティング、ゴールキーパーのエマ・バーン、ミッドフィルダーのケイティ・チャップマン、右サイドバックのアレックス・スコット、イングランド代表で最多得点を誇ったケリー・スミス、ディフェンダーのフェイ・ホワイト、フォワードのレイチェル・ヤンキーなど、輝かしい実績を残す多くの選手がエイカーズのもとでプレーした。チームが最強女子チームと称えられたのは、二〇〇七年にスウェーデンの強豪ウメオIKウィメンとチャンピオンズ・リーグ（当時の名称はUEFAウィメンズ・カップ）の決勝戦で対戦し、優勝したときだ。決勝戦はホーム&アウェイの二試合で行なわれた。スウェーデンで行なわれたアウェイの試合で、アーセナル・レディースFCはアレックス・スコットがロスタイムにあげたゴールでなんとかきわどく勝利した。ホームゲームとなる第二試合は、ロンドン北部の町、ボアハムウッドで開催されることになった。ウメオIKウィメンにはブラジルの伝説的ストライカー、マルタと、スウェーデン代表のフォワード、ハンナ・ユングベリがいた。アーセナル・レディースは三四六七人のファンの前で、ウメオIKウィメンの強力な攻撃に耐えて栄冠を勝ち取った。

アーセナル・レディースの輝かしい軌跡は、イングランドの多くのクラブに女子サッカーへの投資を促すきっかけとなった。チェルシーやマンチェスター・シティも女子チームの育成に力を入れはじめ、近年では設備投資や財政支援でアーセナルを抜くほどである。

エイカーズがアーセナルで女子チームを発足させた一七年後、欧州大陸でも同じような成功物語が生まれた。女子サッカーに関心を持ち育成をはかろうとしたその男性は、ほかから財政支援を仰ぐのではなく、自分が持つ財力と資源を女子サッカーに投資し、その発展に尽力した。

オリンピック・リヨンのオーナー会長であるジャン゠ミッシェル・オラスは、女子サッカーに革新的な成長をもたらしたひとりだ。二〇〇四年、オリンピック・リヨンのオーナーとなったオラスは、クラブは女子チームを持つべきだと決めた。女子チームを抱えることがクラブのPRになって、ファン層や活動の幅が広がることを期待しての決意ではない。彼は生い立ちと受けた教育から、平等な社会の実現の拡大に貢献するという個人としての信念があり、社会運動家としての願いから、女子サッカーチーム設立を決意した。

新型コロナウイルス感染症が猛威をふるっていた二〇二〇年八月、オリンピック・リヨンの女子チームが七回目となるチャンピオンズ・リーグ優勝を成し遂げたあと、オラスはＺｏｏｍでのインタビューに答えてこう語った。

一九八七年、私がサッカーにかかわりはじめたとき、サッカー界で変えなくてはならないと私が考えていたことは、サッカー界の外の社会で変えねばならないと思っていたことと同じでした。私が取り組みたいと願っていた変革は、サッカー界で非常に大きな抵抗にあいました。クラブ内部でも、サッカー連盟でも、一般社会においても、変革への私の提案はことごとく反対されました。そこで、ほかを頼るのではなく、私自身の責任において変革を進めていかねばならないと考えました。そのためには信頼を勝ち取り、変革を実行するための手段が必要になります。

私はかなりの成功をおさめたと手応えを感じていますし、女子サッカーを発展させていくことは、私の価値観を広めるための推進力になると考えています。

廃物処理業で財を成し、当時モンペリエＨＳＣという女子チームのオーナーだったルイ・ニコランの後押しを得て、ＦＩＦＡとＵＥＦＡと協議を重ね、オラスは女子チームを立ち上げた。だが、サッカー界と社会に前向きな変革を起こすために女子チームを立ち上げることが実現できたのは、ひとえに彼の手腕だ。「この問題に取り組むにはいろいろな方法がある、ということを実際にやって見せたかった」と彼は説明する。

社会を変えたいという願いが計画を前に進め、つねに成長と改善をはかり、オリンピック・リヨンの女子チームを大きく伸ばしていった。ぶつかる壁は障壁となるよりも、つぎに取り組むべき課題となった。「この問題に取り組むやり方を実際にやってみながら示したかった」とオラスはいう。

男子選手と女子選手の処遇にさまざまな違いがあることを、私は数多くの出来事から理解しました。出発点は二〇〇五年か二〇〇六年あたりで、代表にも選ばれていた当時のチームキャプテンと話し合ったことでした。男子選手たちはシューズなど用具一式を自分たちで好きに選べて、選択は各自に任されていましたが、女子選手たちは支給されたものを使うしかない、ということを知りました。

キャプテンから話を聞いたあと、私はフランスサッカー連盟理事長と話し合って、この点はただちに変えなくてはならないと進言しました。男性と女性で異なる処遇をするなど、スポーツの世界だけでなく一般企業でも通用しません。

ところが二〇一一年、チャンピオンズ・リーグの準決勝で、アーセナル・レディースとロンドンで対戦したとき、男女間の許しがたい処遇の差が明るみに出た。

ボアハムウッドでの試合は雨のなかで行なわれた。オラスはロッカールームに入って、ずぶぬれになった選手たちのユニフォームを自らしぼった。替えのユニフォームが用意されていなかったために、なんとか少しでも乾いたユニフォームで後半の試合に送り出したかったからだ。「この一件で、一番にやらねばならないことは、ジェンダーに関係なく全選手が等しく、平等に扱われるようにすることだとはっきりしました。全選手が同じ用具を支給され、プレーする環境も同等で、受けられる支援も同じでなくてはならない。それを可能にするための手段を私たちは持っていたのです」

オリンピック・リヨンに所属するスター選手のひとり、ノルウェーのフォワード、アーダ・ヘーゲルベルグは、このときからクラブの投資戦略が変わったことを肌で感じた。ヘーゲルベルグはすぐに現れた効果についてこう語る。

八年前、女子チームにはロッカールームさえもなかったことを私たちは忘れてはいけません。いま私たちは男子選手と同じグラウンドで試合をしています。私にいわせると、近代サッカー競技においてそれは本質にかかわる重要な点です。女性も男性も同じ施設を使って、同じサッカー文化を創造するために、同じ雰囲気をつくること。オリンピック・リヨンにはまだ取り組むべきことがあります。だから私たちが要求しつづけていくことが重要なのです。

オラスは男子、女子両方のチームの選手たちと密な関係を維持しつづけている。二〇二一年にパリ・サンジェルマンＦＣウィメンにやぶれるまで、女子チームが国内リーグで一四シーズン連続優勝を成し遂げられたのは、オラスが選手たちの立場に立って改革を怠らなかった成果があらわれたひとつだ。彼は選手からの要望を聞く時間を作り、「個人的投資」の一貫として関係を築き、トップチームやフランス出身の選手たちだけでなく、アカデミーの選手たちや世界的なスター選手たちの声にも耳を傾けようと努力している。

私にとってコミュニケーションがたいせつなのは、一般的な意味での理由だけではなく、話し合うことで私も選手たちも個人的に得るものが非常に多いからです。私は自分の会社でも従業員の声を聞くようにしています。被雇用者の声を聞くことで、雇用者の私は得るものがあり、ウィンウィンの関係を築くことができる。選手たちと個人的なつながりを持ち、いつでも話を聞く姿勢を取ることで、選手たちのプレーは大きく向上します。とりわけ高いレベルにある選手たちにはそれが重要です。大きな期待を寄せる分、こちらも多くを与えるべきですから。

オラスのこの姿勢は、優勝回数などの数字だけから見れば、女子チームでは大きな成果をあげているが、男子チームではさほどではない。オリンピック・リヨンの男子チームはオラスがオーナーになってからの三五年ほどで、二〇〇二年から二〇〇八年までリーグ・アン（一部リーグ）で七回連続優勝し、チャンピオンズリーグで二回準決勝まで進んだが、女子に比べると競争はなかなか厳しい。女子サッカー競技への資金的・人的投資が男子に比べると少ない時代だったから、オラスの投資は女子サッカーではすぐに結果に結びついたし、ほかのオーナーと違ってオラスが現場での汚れ仕事を引き受けて、自分が陣頭に立って女子サッカー選手たちの待遇改善をはかったことも大きかった。男子のビッグクラブの大半が女子チームを抱えていなかったか、あったとしても重視せず、何の構想も持っていなかった時代に、オリンピック・リヨンはオーナーが要求して女子チームを全面的にクラブに組み入れた。

オリンピック・リヨンは世界中から最高レベルの選手たちを多く集めることができた。だがそれだけで成功できたわけではない。選手たちがクラブからプロ選手として扱われていると自覚し、練習から男子選手に負けずとも劣らない強度で取り組んだことが大きい。高いレベルでの成功をつづけていくことが、いかにたいへんな挑戦となるかをオラスはわかりすぎるほどわかっている。

つねにトップでいることは簡単ではない。それはたしかです。われわれはフランスのリーグで一四回優勝しました。それが可能だった理由はいくつかあります。ひとつには、チーム内で選手たちのクオリティを上げ、精神力を強くすることに力を入れたことです。選手たちはたえず自分と対話する能力を磨き、それを基礎として自分を高めていく努力をしています。ふたつ目に、女子サッカー全体のレベルアップのために投資しようと考えていることです。成功したからといってそこに安住はしたくない。系統だった投資戦略を組みたいのです。タイトル獲得のためだけに闘っているのではなく、すべてのクラブにおいて女子サッカーを絶対的に不可欠な存在にし、クラブの成功のために非常な重要な位置づけにおきたい。女子サッカーチームをただ女子のチームという扱いではなく、クラブの一部と位置づけられるようにという意図で闘っているのです。

オラスはオリンピック・リヨンの女子チームを国内の覇者から欧州の覇者へ、そして世界の強豪と認められるまで育てた。つぎのステップでは、オリンピック・リヨンのブランドをもっと広く認知させる戦略を練っている。その一環として、シアトルのレインFC（現OLレイン）を買収した。アメリカ合衆国女子代表キャプテンのミーガン・ラピノーが所属するチームは、ナショナル・ウィメンズ・サッカーリーグというアメリカのプロリーグに所属している。オラスはこの買収によって、女子サッカー全般の価値が向上し、信頼度が高まると信じている。また財政的信用を得ることができる。なぜなら「経済的観点からいえば、日本以外でアメリカはおそらくもっとも重要なパートナーだから」とオラスはいう。オラスには、OL（オリンピック・リヨン）グループを、女子サッカー市場において最大の存在とし、世界レベルで影響力を持ちたいという望みがある。

かつてエイカーズはアーセナルの男子チームで働いた実績と、アーセナルというブランド名をもとに、女子チームを大きく成長させた。ジャン＝ミッシェル・オラスは男子チームの黒幕として持っている自分の際立って大きな力で、女子チームの発展を牽引している。ふたりともただカネ儲けのためだけで働いているのではない。女子サッカー競技には潜在的に大きな収益性があり、ジェンダー平等への原動力になると認識して、女子サッカーの発展に取り組んでいるのだ。

国際大会は女子サッカーの成長促進剤となり、参加チーム数を増やして各国の投資をうながし、発展を後押ししてきた。成功と成長が、つぎの成功と成長を生む。たとえ準優勝であっても、国際大会出場によって商業的な成功が得られれば、クラブも代表チームもともに女子サッカーの発展の可能性を信じるだろう。だから大会を重ねるごとに、女子サッカー競技は前進していけるのだ。

第11章 時代が後押しする

二〇〇九年、国際連合の経済社会問題担当事務次長、沙祖康《シャ・ズーカン》は、前年のリーマン・ショックによる世界的な経済危機が女性に与えた負の影響への懸念を表明した。国連から世界銀行まで、公的機関はその警告を共有した。沙祖康は声明で「歴史的に、景気後退は女性により重い枷《かせ》となってきた」と述べた。「女性たちは男性に比べてより不安定な仕事についており、不完全雇用者や失業者が多く、社会的保護を欠き、経済手段や金融資産を手に入れてコントロールする機会が制限されている。経済危機に対応する政策は、ジェンダー平等の観点から配慮されるべきである。たとえば、女性たちは雇用機会の創出と社会基盤への投資で、男性と同等の利益をはかられなくてはならない」。その後の数年間は、少なくとも大半の西側諸国で、沙祖康と公的機関が懸念したとおり、経済環境悪化が招いた緊縮財政は、女性たちに重くのしかかった。

当時、英国の女性平等次官だったリン・フェザーストーンは、女性が置かれた状況を二〇一一年のフォーセット・ソサエティ〔女性の権利を訴える英国の会員制慈善団体〕への報告書で率直に報告した。「財政赤字削減のために、女性とその家族に大きな打撃になるであろう対策を取らざるをえなかった。しかしわれわれの赤字削減政策は公正に、最低所得者層を守るものであることを確信している」

労働党が提出した報告書では、政府は税額控除の削減と公共部門への支出抑制によって二三億七〇〇〇万ポンドの赤字を削減したが、その七三パーセントは女性の収入資産を削ったことによるものだ。

保守党と自由民主党の連立政権が打ち出したこの赤字削減案に対し、フォーセット・ソサエティは「金融引き締め包括政策のどの施策をとっても、英国中の多くの女性たちの生活をより厳しいものにするだけでなく、女性平等を後退させる重要な転換点となる」と警告した。当時労働党党首だったエド・ミリバンドは、この政策は「いまを生きる一世代の女性たちに対する最大の攻撃だ」といった。

二〇一〇年代を通して、一般庶民は壊滅的な打撃を与えた賃金カット、負債と失業に対して闘うために立ち上った。二〇一〇年、英国全土の学生たちが大学キャンパスを占拠し、教育予算の削減と授業料の上限を上げることを阻止しようとストライキを打った。二〇一一年、五〇万人以上の労働者がロンドンで、賃金カットに反対して、組合が組織したデモに参加した。女性は公共部門で働く人たちの大半をしめていたので、闘争の中心となったのは女性たちだ。新しい時代の社会運動に力を得た女性たちは、経済、政治と社会制度における女性差別への不満をはっきりと表明する方法を探った。

インターネットが普及し、とくにソーシャルメディアが発達したおかげで、二〇一〇年から二〇一九年の間にネット利用者の数は二〇億人から四一億人に伸びた。二〇二〇年代、女性たちによる抗議運動と社会運動が時代を特徴づけた。社会のあらゆる分野で女性たちは声を上げるようになり、運動はさまざまな形で繰り広げられた。

トロント警察のミカエル・サングイネッティ巡査が大学の安全対策についての公開討論会で、「女性たちは性暴力にあわないために、スラット〔あばずれ、売春婦を意味する女性に対する侮蔑語〕のような格好をするべきではない」と発言したことに抗議して、二〇一一年に「スラットウォーク」という女性に対する性暴力に抗議する女性差別反対運動が起きた。強姦や性暴力は女性側にも非があるとし、レイプする側ではなく、レイプ「される」側の責任を問うレイプカルチャーを終わらせることを求めた運動だ。

二〇一二年にはレディ・ガガが摂食障害に苦しんでいることを公にし、人の外見について意見したり悪口をいったりするボディシェイミングに抗議する運動に自ら賛同の声を上げ、運動を大きく広げることに貢献した。レディ・ガガは下着姿の画像を公開し、キャプションで、体重の増加をあれこれいわれたことをきっかけに「一五歳のときから過食症と拒食症に苦しんできた」と打ち明けた。

二〇一一年にはマンチェスターで、英国の地方行政が主体となって一九九八年から活動していた乳幼児のための保育施設、シュア・スタート・センター四〇箇所が閉鎖にされることに対して、親と保育士たちが反対運動を起こした。シュア・スタート・センターは学齢期前の子どもたちとその親たちの健康、家庭教育や養育環境について支援を行なってきたが、政府と地方行政は緊縮財政による予算削減で閉鎖を決めた。〔抗議にもかかわらず二〇一七年までにイングランド全域のシュア・スタート・センターは閉鎖された〕

また保守党議員のナディン・ドリーズが、一三歳から一六歳の女の子たちに禁欲教育をし、性行為の責任は男性ではなく若い女性たちがとるべきだという主張に対して、全国的な抗議運動が組織された。議員は、人工妊娠中絶を求める女性に、独立した組織でカウンセリングを強制的に受けさせるべきだと主張していた。

そういった社会背景のもとで、二〇一二年にロンドンオリンピックが、二〇一五年にカナダでFIF

A女子ワールドカップが開催された。女性たちが権利を獲得し、可能性を広げようとする運動に、ふたつの世界的なスポーツイベントは大きな推進力を与えた。

二〇一二年の自国開催のオリンピックで、チームGB《グレートブリテン》が獲得した全六五個のメダルのうち、女性アスリートたちのメダル数は二五個を数えた。八月四日土曜日は「スーパー・サタデイ」としていまも語り継がれるほどチームGBの女性選手たちがめざましい活躍を見せた日である。そのハイライトを飾ったのは、七種競技で金メダルを獲得したジェシカ・エニス（現エニス＝ヒル）だ。ほかにも自転車競技でビクトリア・ペンドルトン、ローラ・トロット（現ローラ・ケリー）、ボート競技でキャサリン・グレインジャーが、テコンドーではジェード・ルイス・ジョーンズが金メダルを獲得した。またオリンピックで初めて女性の参加競技となったボクシングでは、ニコラ・アダムスが金メダルを獲得した。ロンドンオリンピックでは、オリンピック史上初めて女性がすべての競技種目に参加し、男女の参加競技が同等になった。

サウジアラビア、ブルネイとカタールは初めて女性アスリートを国の代表として送った。（ただしサウジアラビアの女性選手は二名だけで、形だけの参加ではあったが。）またアメリカはオリンピック史上初めて女子選手の数が男子選手を上回り、女子選手が獲得したメダル数も男子を上回った。体操のガブリエル・ダグラスとアリー・レイズマン、水泳のメリッサ・フランクリン、陸上競技でアリソン・フエリックス、テニスのスーパースター、セリーナ・ウィリアムズは複数のメダルを獲得した。

ロンドンオリンピックは、一八九六年に近代オリンピックを創立したクーベルタン男爵が思い描いていたものからほど遠い大会だった。クーベルタン男爵は、女性がオリンピックに参加すると、大会は

「みっともなくなり、機能しないし、不合理で、おもしろくも美しくもない」と警告していた。女性たちは男性たちを応援するために観客席にいるべきだといっていたのだ。それから一世紀以上たち、二〇一二年のロンドンオリンピックをインディペンデント紙は「女性たちの大会」と書き、国際オリンピック委員会は「ジェンダー平等に向けて歴史的な一歩」となる大会だったと言った。

ロンドンオリンピックは英国の女子サッカーにとっても流れが変わった大会となった。二〇一二年に英国全体がオリンピックの高揚に包まれたなかで、女子サッカーは英国でとりわけ注目を集める人気スポーツになった。一九七二年以来初めて、イングランド、スコットランド、ウェールズ、北アイルランドのサッカー協会がひとつにまとまってチームGBを結成し、ピッチに立った。ウェンブリーで七万人の観客を集めた初戦で、チームGBはブラジルと対戦し、巧みな試合運びで1-0で勝利した。負けなしでグループステージを突破すると、チームGB女子チームは一気に脚光を浴びた。シティ・オブ・コベントリー・スタジアム（現リコー・アリーナ）で行なわれた準々決勝対カナダ戦は、二万八八二八人が観戦した。カナダのジョネル・フィリーニョとクリスティン・シンクレアのゴールで、残念ながらチームGBは0-2でやぶれて夢だった準決勝進出はならなかった。ちなみにシンクレアは二〇二二年現在、代表戦三一五試合に出場し、一九〇ゴールをたたきだしており、これは二〇二二年にいたるまでカナダの女子男子どちらの代表チームでもトップである。

準決勝に進出したカナダはアメリカと対戦し、シンクレアのゴールで三回もリードしながら、アメリカのミーガン・ラピノーの二ゴール（一ゴールはコーナーキックを直接ゴールネットに入れた）とアビー・ワンバックのゴールで追いつかれた。延長戦となった試合は、一二三分にアメリカのストライカー、アレックス・モーガンが決勝点をたたきこみ、アメリカを決勝へと進めた。もう一方の準決勝は、日本がフランスと対戦し、日本の永里（大儀見）優希と阪口夢穂の二ゴールでフランスをくだして決勝に進出した。カナダは三位決定戦でフランスと対戦し、1–0で勝利して銅メダルを獲得。ウェンブリーで八万二〇三人を集めて行なわれた決勝では、カリー・ロイドが二得点をあげ、日本は永里が一点返したものの、金メダルはアメリカが手にした。

二〇一五年、カナダで開催されたFIFA女子ワールドカップはオリンピックで盛り上がった女子サッカーへの熱狂が続いていることを感じさせた。イングランド女子代表は期待以上の活躍を見せた。第一戦でフランスに1–0でやぶれたあと、メキシコとコロンビアに勝利したイングランドは、グループD二位でベスト16に残り、決勝トーナメントに駒を進めた。対ノルウェー戦は2–1で逆転勝利をおさめ、準々決勝に進むとホスト国のカナダとの対戦となった。五万四〇二七人の観客が地元チームを応援するなか、前半で二ゴールをあげたイングランドがカナダをくだした。

イングランドの人々は女子代表の強さを信じはじめた。メディアでは選手たちの経歴が紹介されるようになった。ゴールスコアラーでセットプレーのスペシャリストであるファラ・ウィリアムズは、七年もホームレス生活を送っていたことをチームメイトには隠していた。フォワードのフラン・カービーは一四歳のときに母を亡くしたことをきっかけにうつ病をわずらった。右サイドバックのアレックス・スコットは、サッカー選手になる機会をつかもうとアーセナルの男子トップチームで用具の清掃をしていた。

そんな女子選手たちはサッカーを愛し、純粋にサッカーをする喜びにあふれてプレーしていた。代表の男子選手たちがセレブとしてもてはやされ、有名になってカネを儲けるためにプレーするのとはちがう。二〇一八年ロシアで開催された男子のFIFAワールドカップでは、意図的かどうかはともかく、イングランド男子代表チームは前年の女子チームのあり方を見習って、ファンとの関係を見直そうとした。二〇一八年ワールドカップ以前の男子チームのメディア戦略は、露出に極度に神経を使うものだった。選手たちは人柄や個人の意見を出さないように質問に答える技術を磨かされた。

だがこのメディア戦略は二〇一八年に変わった。ソーシャルメディアでそれまで非公開だった事前キャンプの様子が流され、選手たちは制限を受けずに自分たちの意見や自分自身をメディアにも一般のファンにも公開するようになった。女子代表チームはこの点で一歩男子に先んじていた。サッカー競技を発展させるためにはメディア露出が必要だとわかったFAは、戦略として選手個人の人物像を公開し、集客や視聴率アップにつなげた。二〇一二年、FAの前マーケティング担当理事のリー・ムーアが、このメディア戦略の指揮をとった。この期間に #Lionesses（#ライオネシズ、サッカー女子代表の愛称）が初めて使用され、チームのニックネームになった。ムーアは二〇一九年アスレティックス誌にこう語っている。

私たちは決めたんです。「私たちのことをほかの人たちに書いてもらうのを待つのではなく、自分たちで伝えたいことを書こう」と。

試合のスコアさえも報道されないときでした。クラブ名も選手のことも人々が知らないからこそ、私たちにはチャンスがあるのではないかと感じました。最終的に人は人物に魅かれるものだと私は思っていました。だから選手たち自身が、クラブよりも早くメッセージを発することで、選手の人となりが言葉で伝わります。

［SNSがこれだけ普及した］いまとなっては、なんだそんなことと思われるかもしれませんが、当時クラブは選手たちが自由にソーシャルメディアにアクセスすることにためらいがあったので、選手たちはまったく利用していなかったのです。だからFIFAにはそのギャップを埋めるチャンスがありました。

二〇一五年の女子ワールドカップで、前大会優勝の日本と準決勝で対戦したときには、イングランド女子代表への期待が十分に高まっていた。BBC ONEで深夜にライブ中継された試合は、なんと二四〇万人が視聴した。アメリカでこの試合はフォックス・スポーツ1で放送され二三〇万人が視聴し、自国以外の女子代表チームの試合視聴者数の最高記録を達成した。その後に行なわれたアメリカ対ドイツの準決勝もフォックス・スポーツ1がライブ中継したが、その平均視聴者数は八四〇万人という驚くべきものだった。

日本対イングランドの準決勝は、前半にともにPKで一点ずつとったあと膠着状態になったが、試合がロスタイムに入って日本が最後の攻撃に出たところで、イングランドにミスが出た。左サイドからのアーリークロスを、ラウーラ・バセットがつま先ではじき出そうとしたところ、ボールはバーにあたってゴールラインの上に落ちた。衝撃的な結末だった。がっくりと肩を落としたバセットは、シャツで顔をおおったまま立ち上がれなかった。大会を通してすばらしい働きを見せていたバセットを、カレン・

カーニーとクレア・ラファーティが抱きしめた。一九九〇年ワールドカップイタリア大会準決勝で、西ドイツ（当時）と対戦したイングランド男子代表がPKで敗退したとき、ディフェンダーのポール・ガスコイン、愛称ガッザが大泣きしたシーンが、バセットの涙と重ねて英国で語り草になった。最後は抱えられるようにしてピッチを出たバセットの姿を世界中のファンが見守り、イングランドは彼女を受け入れた。

しばしば三位決定戦は話題にものぼらないことがあるのだが、イングランド女子代表にとってはライバルのドイツをロスタイム1-0でやぶって雪辱を果たしたことで大きな意味があった。監督のマーク・サンプトンはおかげで英国にヒーローとして帰国することができた。

アメリカ対日本の決勝戦で、アメリカは二〇一一年の決勝戦での敗北の悪夢を払拭するチャンスがめぐってきた。バンクーバーのBCプレイス・スタジアムには五万三三四一人が集まり、フォックスが放映したライブ中継は二五四〇万人が、スペイン語のテレムンドの放映は一三〇万人が視聴した。アメリカのフォワード、カーリー・ロイドが前半開始一六分で三ゴール、ローレン・ホリデイが一ゴールを立て続けに奪って試合を決めた。日本は前半二七分に永里（大儀見）優希が一ゴールを返し、ジュリー・アーツによるオウンゴールで二点差に迫ってかすかな望みをつないだが、後半五四分にトビン・ヒースが五点目を決めて、日本の息の根を止めた。試合は5-2でアメリカが勝利し、優勝した。

二〇一五年FIFA女子ワールドカップは、イングランドの女子サッカーにとって飛躍への転換点となった。二〇一二年のオリンピックでチームGBが人気を集めたおかげで、サッカーのプレーだけでなくチームを取り巻く環境も大きく向上した。そしてワールドカップで三位となった成功によって、それまでフルタイムやパートタイムで働きながらサッカーをしていた選手たちは、自分たち専用の用具を与えられ、試合と練習のグラウンドが用意され、ポジションごとに専門のコーチがつく権利を獲得した。期待以上の成果を出したおかげで、女子サッカーは一般社会から受け入れられたのだ。

ＦＡはやっと気づいた。二〇一七年三月、かつて女子サッカー競技に対して自分たちがとってきた禁止令などの処置について、初めて公式に非を認めたのだ。知名度の高いサッカー・ジャーナリストたちに加えて、それまで主要メディアが取り上げようとしなかった女子サッカーを熱心に報道してきた独立系メディアがウェンブリーに集まったとき、ＦＡの当時ＣＥＯだったマーティン・グレンは、ＦＡが女子サッカーをおとしめてきたと認めた。「われわれは［女子がサッカーをすることを］禁止さえしてきたし、［禁止令を取り消したあとも、すみやかに協会の傘下に置くことをせず］取り組みも鈍かった。それは過失であった」と彼はいった。

女子サッカー振興を推し進めるというＦＡの強い意志のもとで、二〇一六年にその施策のトップに任命されたスー・キャンベル男爵夫人は、これからの取り組みについてこう語った。

［女子サッカーに対する取り組みについて］われわれはもうあと戻りはできないし、方針を変更することもできません。ＣＥＯのマーティン・グレンの謝罪は本心からのものでした。グレンなしでは、女子サッカー競技は今日のような姿ではないことは疑う余地がありません。グレンは現在の女子サッカーの興隆に大きな役割を果たしてきましたし、多大な支援をしてきました。私はその施策を発展させていく役割を与えられたことをたいへん喜ばしく思っています。私は登山家になるほどの覚

悟を持ってこの仕事に取り組むつもりでいます。私が愛する女子サッカー競技の壮大な将来像を実現することに全力で取り組んでいきます。その挑戦はサッカーにとどまらず、女性たちが社会で可能性を発揮する将来の夢を与えることに通じるのです。

キャンベルは二〇〇三年から二〇一三年まで、オリンピックとパラリンピックへの投資を担当する政府機関であるＵＫスポーツの長官をつとめ、二〇一二年のロンドンオリンピックでチームＧＢが多くのメダルを獲得することに貢献した。そこで女子サッカー競技について包括的に審査し、その発展のための計画書を作成する権限が授与された。

その大胆な計画案は期待に応えるものだった。二〇二〇年までに女子サッカー人口を二倍に、ファンも二倍に増やし、国際大会で常時上位の成績をおさめることが、「成長のための行動指針《ゲームプラン・フォー・グロウス》」の目標に掲げられた。小学校低学年からトップ選手の育成を始めるための細部にわたる計画案や、観客動員により力を入れ、ファン層を厚くして、プロ選手、コーチやボランティアの育成をはかるというものだ。

キャンベルが初めてこの計画案をＦＡ評議会にはかったとき、評議会の役員たちが困惑したのを見ても、いかに画期的な案だったかがうかがえるだろう。

「始める前に告白せねばなりません」と会議に集まった年配の男性たちの前でまず切り出しました。彼らはみな「このおかしな女はいったい何者だ？」という顔で私を見ていました。「私はサッカーが大好きです。幼いときからずっと試合を観戦してきました。ブーイングされることを覚悟でいいますが、私はマンチェスター・ユナイテッドFCのファンです。なぜなら私はマンチェスターで育ち、子どものころからマンチェスター・ユナイテッドの試合観戦に通っていたからです。でも私がいまここにいるのは、サッカーが大好きだからではありません」

彼らがお互いに顔を見合わせる姿を見て本題に入るきっかけをつかみました。「私が今日ここに立っているのは、私が少女と女性たちの人生を変えたいと思っているからです。そしてみなさんがスポーツでもっとも強力なブランドを有していらっしゃると信じているからです。もし私たちがこのブランド力を生かすことができなければ、おそらく私たちはこの計画を成し遂げられないでしょう。私は全力でこの計画に取り組みます。私は単にサッカー人口を増やしたいだけのために、こんなことをいっているのではないとご理解いただきたい。私は女の子たちにもっと積極的になってほしい。もっと多くの女の子たちが、自分たちはリーダーになれると信じてほしい。コーチや審判や理事をめざす女の子たちがもっと増えてほしい。私たちがサッカーというブランドを、女性たちの可能性を高める方向に変えるように用いたいのです」

私は自分の席に戻って座り、私をじっと見つめている年配の男性たちを見渡しました。重鎮たちは会議室の奥の席に座っていました。みなが私を見つめている視線を感じながら思いました。「さて、どう受け止められたやら。もしかしたら墓穴を掘ったのかもしれない」。でも私は真実を語りました。

私自身もその会議に出席していた。FAが女子サッカーに対してとってきた姿勢を反省したというだけの会議ではなかった。謝罪はＦＡの新しい戦略のひとつだ。だが、一世紀近くにわたって無視してきたことのまちがいを正すだけでは意味がない。なぜなら女性たちは何十年にもわたって十分な資金を与えられず、支援を欠き、プレーを禁止までされても、サッカーをすることで変化を起こしてきたからだ。自分たちの身体、健康や運動、競技スポーツについての見方を変え、スポーツにおけるジェンダー差別に変革を起こしてきた。女性がサッカーやスポーツをすること、また広く一般社会において公平に処遇されることは、山あり谷ありの闘いだった。

そして女子サッカーは大きな可能性を秘めている。グレンはこう指摘した。「女子サッカー以上に、収益性の高い分野はありません。経済的な側面から見ても、です。どんなタイプのスポーツよりも、女子サッカーへの投資は見返りが大きい」

人口の半分を占める女性たちが、英国でもっとも普及しているスポーツにかかわる道が閉ざされてきた。女子小学生では三五パーセントしかサッカーをする機会が与えられていないという。私が育ったロンドン北部の小学校では、男の子たちとサッカーをしていた女の子は私を含めてふたりしかいなかった。三五パーセントという数字を聞いて、そんなにいるのかと驚きを禁じ得ない。

だが、数々の障害があったにもかかわらず、女性たちは制度的な、また個人的なハンディを乗り越えて、女性がサッカーをすることの価値を証明してきた。これまで見てきたように、チームＧＢが二〇一二年ロンドンオリンピックで準々決勝まで進出したこと、また二〇一五年の女子ワールドカップでイングランド代表が三位に入ったことで、イングランドにおける女子サッカー競技への見方は劇的に変化した。

ＦＡでかつてサッカー普及発展担当理事をつとめていたケリー・シモンズは、ＦＡが目標に掲げる女子サッカー人口を達成するための計画について語った。少女たちがサッカーをプレーすることを阻む障壁をまず理解して、それを取り除くことが重要だと強調した。スポーツに興味をなくす前の五歳から八歳までの年齢で、サッカーにふれさせることが重要だ、とシモンズはいう。

シモンズとキャンベルは、サッカーには「楽しくて、健康的で、友だちができて、家族で楽しめる」という大きな利点があることを前面に打ち出した。だが、具体的な計画案があってこそ、その言葉は意味を持つ。五歳から一一歳の少女たちに、楽しくて友だちができることを強調してサッカーを紹介すること、また競技にこだわらないサッカークラブが全国に二〇〇あるが、二〇一八年までに一〇〇〇まで増やすことが計画案に盛りこまれた。新しいチームには「成長のための行動指針」から助成金が支給された。トップレベルの選手育成をはかるスポーツセンターを一〇設立することも計画された。

学校や教師にあらゆるレベルで支援することも公約に盛りこまれた。サッカーが身心の健康だけでなく、ほかの教科の教育向上にも役立つことに焦点を当てて、学校長にその魅力を理解してもらうよう力を入れることが確認された。

計画推進のために、あらたな役職も任命された。女性パフォーマンス担当、女性コーチ開発担当、女性審判マネジャー担当と女子サッカー市場開発担当だ。これらの役職は別個につくられる女性部の下部組織としてではなく、ＦＡの部門として組み込まれた。

かつてなかったほど真剣な取り組みであり、提案は包括的だった。女子サッカーの普及と、女性によりー積極的にスポーツに取り組んでほしいという純粋な願望が反映されている計画案だった。だがこの計画を実施するためには、FAが直接コントロールできない、非常に大きな困難がいくつもあった。

そのなかでも大きな課題は、はたして学校がその提案に乗ってくれるかどうか、またスタッフとボランティアがついてきてくれるかだ。行政が積極的に支援しないと、女子サッカーの振興戦略は校長、学校とスタッフの協力如何で左右される。そして行政の支援はあてにはできそうになかった。

キャンベルは、女子サッカーへの取り組みをどの学校にも一律に押しつけるのではなく、学校ごとの条件に合わせ、まずはサッカーを教科のひとつにできると示すことに力点を置いた。これは現状に合わせたもっとも前向きな考え方だったことはまちがいないが、教育制度、資金と人員は当時、新しいことに取り組む余裕のないぎりぎりの状態にあった（それはいまも変わっていない）。

イギリス全国校長労働組合によれば、二〇一五年以来、財政赤字に陥っている学校の数は二倍に増えた。会計検査院の報告書では、四年にわたって学校予算は実質三〇億ポンド削減されることになっていた。イギリス全国教育連合によれば、これは一世代で最大の削減幅だという。

学校予算の大幅な削減によって、教師への負担は破滅的なほど大きくなった。イギリス国家統計局によれば、イングランドの小学校教師の自殺率は国平均の二倍近いという。七〇パーセントの校長が人材派遣業を利用して派遣教師を雇うようになり、ストレスが高まるなかで教師を辞める人がどんどん増えて、その補充のために一三億ポンドが費やされた。女子サッカーの発展という野心的なプログラムに進んでかかわろうとするスタッフを見つけることは、ますますむずかしくなることが予想された。

体育の授業もプログラムの普及の障壁となった。二〇一六年末に議会における超党派のグループが、子どもたちが心身ともに健康に育つための政策として、「体育の教え方を早急に見直す必要がある」と指摘した。一九四〇年代から、体育の授業内容は少しも変わらないままだ。体育を子どもたちの健康増進の一助にしようというなら、時代に合わせた見直しが必要だ。グループの一員だった自由民主党のフレーラ・ベンジャミン議員は「体育の授業内容に教師は総合的な戦略を持っていない。体育はしばしば傍流の教科と位置づけられてきたからだ」といった。だが彼女の主張に耳を傾ける議員はほとんどいなかった。

このように障害は数々あれども、政府が二〇一六年に甘味飲料に砂糖税をかけて、学校スポーツ予算の財源にすると約束したことで、FAにとっては影響力と資金を得る好機が訪れたように思えた。ソフトドリンクを製造販売する企業は、高額の税金を支払うよりも飲料の砂糖含有量を減らすほうを選んだので、大臣たちが期待していたほどの額は集められなかったが、政府は学校スポーツの拡充に一〇億ポンドの予算をあてることを約束した。

FAがもしこの好機を活かし、政府が約束した資金を利用しようとする学校に働きかけて計画を実行できたとしたら、希望があった。だが草の根では前進できたとしても、FAは女子サッカークラブとの間で問題を抱えていた。

男子サッカーではよくあることだが、クラブと代表との間には軋轢がある。女子リーグの発展のためには、最初からクラブを味方につけておかねばならない。代表チームは女子リーグと手をたずさえて進歩していくことが肝心だからだ。

だが女子クラブを取り巻く環境は厳しかった。マンチェスター・シティ、チェルシー、リヴァプールとアーセナルといったビッグクラブは、自分たちの女子チームに資金と資源を投入していたが、ほかのクラブは苦闘続きだった。サンダーランドAFCウィメンの選手たちは仕事をしながらプレーするパートタイム選手に戻り、ノッツカウンティ・レディースFCは財政が破綻して清算を申し立てた。ワトフォードFCレディースも財政難に陥っていた。

女子チームによって状況も取り組みもさまざまで、上位にあるチームとまだ発足したばかりのチームとの差が開いていくことは、リーグの競争力や魅力に負の影響を与えていた。女子サッカーを発展させる計画が決まった一週間前に、女子FAカップの五回戦でアーセナル・レディースとチェルシーFCウィメンが対戦し、アーセナルが10–0と7–0で女子チームができたばかりのチェルシーに大差で完勝した。

ケリー・シモンズは資金投入モデルが完璧ではないことを認め、持続性のあるFAウィメンズ・スーパー・リーグ（WSL）にする事案は、まだスタートラインについたところだといった。「私たちはクラブに寄り添って投資をしていきます。女子チームは男子のプロクラブが得た資金によって運営されているのが現状です。それはリスクを伴います。理想的なモデルは女子チームが自立して運営されることです。しかしまだ、女子チームは自立の域には遠い。おそらく今後五年間で自立はできないでしょう。スポンサーも十分に集められないし、環境を整えるのもむずかしい。それが現実です」。しかしシモンズは、近年長足の進歩があり、WSL一部リーグの女子チームがほぼプロ化していることも指摘した。

クラブのフロントが女子サッカー発展構想に関心が薄いことも問題だった。マンチェスター・ユナイテッドFCが成人女子チームを持とうとしないことが、その顕著な例だ。FAのグレンCEO、計画を担当するシモンズとキャンベルの全員は、マンチェスター・ユナイテッドFCのようなグローバルに影響力を持つクラブが女子チームを立ち上げようとしないことに失望をあらわにしていた。

イングランド代表の最多得点選手であるケリー・スミスもこのことを重く見ていた。「マンチェスター・ユナイテッドFCは取り残されてしまいます。男子サッカーにおいてまだ大きな力を持っているクラブが、女子チームを持とうとしないことにはがっかりです。ユース世代の女子の育成プログラムには力を入れているといっても、優秀な選手たちをライバルチームのために育成しているなんて、私にはわけがわかりません。そんな馬鹿げたことにいつか気づいて、将来女子チームを結成することを願っています」

乗り越えねばならないハードルはいろいろとあったが、この時期、女子サッカー競技は前向きに進んでいく機会を与えられた、という希望が誰の胸にも芽生えていた。これまでも期待や計画はいろいろとあったが、今回はより真剣な取り組みであり、計画は念入りに考えられて、直接的に女子サッカーに関与する人たちが支持するなかで実行されるだろうという予想には、強く励まされるものがあった。

第12章 オレンジ軍団の道

二〇一七年、UEFA欧州女子選手権がオランダで開催された。予選を勝ち抜き、本大会が行なわれるオランダに向かうイングランド女子代表を取り巻く空気は、これまでになく期待に満ちていた。男子と女子両方を応援しているファンたちにとって、イングランド代表が欧州のトップとなる期待がかかる大会である。チームの核となる精神は「一体感」だ。ひとり一人がチームの一体感を試合のなかでいかに実現させるかを、全体でしっかりと共通認識にしてチームづくりが進められた。

だが大会に向けてチーム調整が順調なのはイングランドだけではなかった。世界ランキング三位のフランス代表は、二〇一七年は負け知らずで欧州選手権にのぞむ。四カ国が参加して、年初にアメリカで開催されたシービリーブス・カップでは優勝していた。フランス代表は、チャンピオンズ・リーグで決勝まで進んだオリンピック・リヨンとパリ・サンジェルマンFCウィメンの選手が大半をしめ、二〇一九年に自国で開催されるFIFA女子ワールドカップにむけて一段と強化されていた。

一九九五年の第六回大会から連続して六回優勝しているドイツもあなどれない。前回二〇一三年に行なわれた大会でドイツに決勝でやぶれたが、優勝経験があり、二〇一七年BBC最優秀選手に選ばれたアーダ・ヘーゲルベルグが率いるノルウェーも強豪だ。この大会はどのチームに対しても全力でのぞまなければならない。

ホスト国であるオランダはＦＩＦＡランキング一二位で、相対的には強豪とはいえなかった。オランダの女子サッカーは近年国際大会で好成績をおさめるようになっていたものの、優勝候補とまじめに考える人はほとんどいなかった。だが自国開催で、ファンたちの熱狂的な応援は大きな強みになる。しかもチームにはアーセナル・レディースでプレーするダニエレ・ファン・デ・ドンクとフィフィアネ・ミデマー、ＦＣバイエルン・ミュンヘン・ウィメンのステファニー・ファン・デル・クラウトといったスター選手が顔をそろえる。ホスト国の期待は高かった。

過去の大会では、大会を主催した国の女子サッカー人口と観客動員数が驚くほど増えることが確かめられていた。二〇一三年に欧州選手権を開催したスウェーデンでは、大会開催が決まった時点から二〇一二年―二〇一三シーズンで、女子選手登録数が一五万九三〇五人と三三パーセントも増えた。大会後の二〇一四年―二〇一五シーズンには、選手登録数は一六万五二五九人に、また国際試合の観客数は五七パーセント増えた。

二〇一四年一二月にホスト国となることが発表されてから、オランダではスウェーデンほどめざましい増加は見られなかったものの、女子サッカーへの関心が高まるよい傾向が見られた。女性の選手登録数は一〇パーセント増え、人口が少ない国にもかかわらず、女子選手数はＵＥＦＡ加盟メンバーで三番目に多くなった。その後三年間で平均観客動員数は二倍になり、成長はまだ続いている。

この大会は私個人にとっても記念すべきものとなった。私はガーディアン紙のスポーツ部でフリーランスとして仕事をしており、おもにレイアウトと編集補佐のようなことをやっていた。記者もしていたが、ほかの媒体で書いていた。大会開幕まで四週間を切ったとき、ガーディアン紙から女子サッカーの記事を定期的に執筆できるかと打診があった。優れた記者であるルイーズ・テイラーがオランダで大会を取材する。私は欧州女子選手権を手始めに、女子サッカーに関するあらゆる話題を取り上げる週一回のコラムを書くことになった。

女子サッカーに関するあらゆる話題といっても、まずはイングランド女子代表にふれないわけにはいかない。私はイングランド女子代表を間近で見守ってきたし、いまもいろいろな意味で自分と重ね合わせて見ている。イングランド女子代表の成長は、私のサッカー記者としてのキャリアと並行して上昇してきた。二〇一七年の欧州女子選手権に選ばれた代表選手のなかで、キャリアを通してプロ選手としてプレーしてきた選手はほとんどいなかった。だがその年の初めに女子サッカー発展計画「成長のための行動指針」が立ち上げられたことで、もしかすると将来、若いときからプロ選手をめざしてプレーする女の子たちが出てくるかもしれない。ジュニア世代のチーム育成を強化し、選手層を厚くする計画によって、イングランド代表への道筋が、より明確に示されるようになっていた。

二〇一七年の欧州女子選手権が大きく盛り上がるための舞台は整っていた。そして実際、期待は裏切られなかった。サッカーオランダ代表はチームカラーにちなんでオレンジ軍団という愛称で呼ばれる。オランダの通りという通りはオレンジ色に染まり、オランダ代表の試合のチケットはすべて売り切れ、テレビの視聴者数は記録的に多かった。オランダ女子代表はその期待にこたえて、一二位というランキングは嘘ではないかという活躍を見せた。運動量が豊富で巧みな攻撃的サッカーは、開幕戦から大会を盛り上げた。一方イングランド代表はグループステージを勇敢に力強く闘い、負けなしで決勝トーナメントに進出した。準々決勝で対戦したフランスには圧倒的にポゼッションを握られながら、ジョディ・テイラーの決勝点によって準決勝に駒を進めた。ジョディ・テイラーは最終的に大会得点王となり、ゴールデンブーツ賞を獲得した。

イングランドとオランダは準決勝で対戦した。八月三日、FCトゥウェンテのホームスタジアムには二万七〇〇〇人の観客が詰めかけた。チャンネル4でこの試合を観戦した視聴者は四〇〇万人以上にのぼった（ユーロスポーツ視聴者は含まれない）。だがイングランドはオランダ代表のミデマーとファン・デ・ドンクのゴールと、試合終了間際にミリー・ブライトのクリアボールがゴールに入ってしまうという不運なオウンゴールで0–3でやぶれた。

決勝戦はホスト国であるオランダとデンマークの闘いとなり、オランダは4–2でデンマークをくだして優勝した。世界中で一三〇〇万人が決勝戦を視聴した。オランダでは決勝戦を放映したすべてのチャンネルの視聴者の合計は五四〇万人と驚異的で、同時間帯に放送されていた番組の八五パーセントが決勝戦だった。大会期間を通してUEFAが設けた欧州女子選手権のウェブサイトには四〇〇万人が訪れ、ソーシャルメディアで#WEuro2017の書き込み数は五五万、動画再生は四四〇万回以上だった。現地観戦者は二〇一三年の二一万六八八八人から、二四万四五人に増えた。オランダはホスト国として初めて、オランダ代表の試合チケットを完売し、一一万八九七人を動員した。

マーク・サンプトン監督が率いるイングランド代表チームは、また決勝進出が果たせなかった。二〇一五年のワールドカップに続き、欧州選手権という主要な国際大会で二大会連続ベスト4という成績をおさめたことで、準決勝での完敗にもかかわらず、プライドは保たれた。対オランダ戦も結果は完敗で肩を落としたとはいえ、内容は互角だったことから、チームの失望は見過ごされた。テレビで試合を観戦した数百万人のなかには、女性たちが表舞台でサッカーをしている姿を初めて見た人たちも大勢いた。大勢の少女や少年たちが、女性たちが汗を流し、走り、ジャンプし、闘う姿を見たことは過小評価されるべきではないだろう。

サッカーイングランド女子代表がオランダで多くの人に感銘を与えるような奮闘を見せたのと同年に、クリケットイングランド女子代表がクリケット女子ワールドカップで優勝した。イングランドのオールラウンダー〔バッティングとボウリングの両方ですぐれたパフォーマンスを見せる選手〕だったポール・コリングウッドがツイートした。「私は長年なんとか娘たちにクリケットをやらせたいと努めてきたが、今日ついにプレーするといってきた！　ありがとう、クリケットイングランド女子代表チーム。感動的な試合を見せてくれた！」。このツイートを読んだ私は心の中でつぶやいた。クリケットのイングランド代表とオーストラリア代表が対戦するテストマッチシリーズのジ・アッシズで、三回優勝をはたした父コリングウッドの姿ではなく、女性たちがプレーするのを見て娘たちは初めてクリケットをやってみたいといいだしたのか。

ＵＥＦＡ欧州女子世界選手権とクリケットの女子ワールドカップが開催された二〇一七年には、世界中で女性への性的暴行に抗義する #MeToo 運動が盛り上がった。アメリカの映画プロデューサーだったハーベイ・ワインスタインが、長年にわたって女優やスタッフに性的暴行を繰り返してきた罪状で逮捕されたことに端を発した運動だ。ハッシュタグをつけてソーシャルメディアで MeToo（私も）と訴える運動を展開することは、二〇〇六年に市民活動家のタラナ・バークが始めて、地道に続けられてきた。

二〇一七年にワインスタインの性的暴行が明るみに出ると、女優のアリッサ・ミラノが一〇月一五日に、性暴力を受けたことがある女性たちは #MeToo と投稿して声をあげようと呼びかけたところ、その日のうちに二〇万回が投稿され、翌日には一〇〇万回と世界中に広まった。フェイスブック（現メタ）では二四時間で四七〇万人がシェアし、一二〇〇万の投稿があった。ジェンダー平等と女性の権利のために活動する慈善団体、フォーセット・ソサエティの報告によると、#MeToo 運動が始まって一年間で、ハッシュタグに気づいた人たちはそうでない人に比べて、一・五倍が運動によって性的行為の許容範囲が変わったという。国際大会での女子選手たちの活躍は、世界的に高まっているジェンダー平等への関心にも後押しされていた。

ＦＡはこれから開催される国際大会で、イングランド女子代表をより大きな成功へと導こうと努力した。だがその機会はいくつか失われた。イングランドは二〇一九年女子ワールドカップ予選でボスニア・ヘルツェゴビナと、トランメア・ローバーズＦＣのホームスタジアム、プレントン・パークとウォルソールＦＣのスタジアムで対戦することになった。その後コルチェスター・ユナイテッドのスタジアムでカザフスタンと対戦すると発表された。プレミアリーグのビッグクラブのスタジアムが使用されなかったことで、主要大会で好成績をおさめたイングランド女子代表の人気と知名度を高めていく機会が失われた。女子代表の試合が、プレミアリーグのスタジアムやウェンブリーを満員にすることはなかったかもしれない。だが最初からその機会も与えずに、女子サッカーを盛り上げようとかけ声だけで終わらせたのはもったいなかった。予選三試合の観客動員数は、最初の試合が七〇四七人、つぎの試合は九六四四人で完売、カザフスタン戦も一万二六人で完売だった。小さなスタジアムで、しかも火曜日と金曜日の夜という平日に行なわれた試合だけで、女子代表の集客力をはかることはできない。

この時期、女子サッカーは着実に、ゆっくりと成長していた。観客数もじわじわと増えていたし、プレー人口も増加していた。ワールドカップを主催したカナダと、欧州選手権を主催したスウェーデンとオランダでも、女子サッカーの質がめざましく向上した。欧州選手権を開催したオランダに見るように、大会を主催することによって成長速度はあがり、確実に向上することが定石になっている。

イングランド女子代表はピッチ内でもピッチ外でも、過去も現在も、プロ選手としての模範を示している。世界有数の女子サッカーリーグを展開していることが、すぐれた代表選手を輩出する基盤になっている。イングランドには女子サッカー事業を経営する組織の上級管理職に五一名の女性が雇用されており、四四名の専業スタッフが働いている。アメリカからヘザー・オライリー、カーリー・ロイド、クリスタル・ダンといった著名なスター選手をスカウトし、ウィメンズ・スーパー・リーグの発展に貢献してもらった。欧州選手権で優勝したオランダ代表選手の六人が、イングランドのチームに移籍した。

イングランドにおける女子サッカーの発展を示すこのような実績にもかかわらず、イングランドは女子ワールドカップを主催したことがないし、いまのところ名乗りをあげてもいない。FAは二〇〇五年に欧州選手権を主催したが、その時代はわずか八チームの参加で規模は小さかった。シティ・オブ・マンチェスター・スタジアムでの開幕戦には、それでも二万九〇〇〇人が集まり、一五試合の観客数は延べ一一万七三八四人だった。それから一二年たち、観客数は急拡大した。欧州女子選手権累積観客数は、二〇〇九年に四八〇〇万人から二〇一三年に一億一六〇〇万人、二〇一七年に一億六五〇〇万人と拡大した。FAが主要大会の主催に名乗りをあげなくてはならないことは、ますますはっきりしていた。二〇一八年八月、イングランドはついに二〇二一年に開催予定のＵＥＦＡ欧州女子選手権を主催すると発表した。*

＊新型コロナウイルス感染症拡大により延期された欧州女子選手権は、イングランドがホストとなって二〇二二年七月六日より七月三一日まで、一六チームが参加して開催された。イングランドとドイツが決勝に進出し、ウェンブリーで開催された決勝戦でイングランドが2-1でドイツを下し初優勝を飾った。

第13章 流れを変えた大会

はじめてのワールドカップ取材にどれだけ準備しても十分とは思えなかった。ましてやそれが「史上最大規模」の女子ワールドカップだとしたら、準備することはかぎりなくある気がした。

二〇一九年、フランス開催の女子ワールドカップで、FIFAは記録的な二〇六社にライブ中継の放映権を提供した。開幕戦となるホストのフランスと韓国の試合は、金曜夜にBBCOne（英国放送協会の主要チャンネル）で放映される。女子ワールドカップへのメディアの関心は、これまでにないほど高く、そして深かった。賞金総額は三〇〇〇万ドルで、四年前のカナダ大会の二倍である。（とはいうものの、二〇一八年男子ワールドカップの賞金総額の四億ドルには遠く及ばないが。）

「できるだけ多くの試合を取材したい」と編集部に伝えたときの私の口調は、過剰なばかりに熱がこもっていたと思う。そのときは取材する試合数が多いほどいいと思っていたし、いま振り返っても多くの試合を見た経験はよかったと思っている。が、実際に試合を観戦し、あわただしくつぎの試合開催地に移動することを繰り返していた日々の間には、できるだけ多くなんて言わなければよかったと悔やんだこともあった。それでもやはり、あの画期的だった大会を経験できたことはとてつもない幸運だった。

私にとってのワールドカップは、すでに二〇一七年に始まっていた。二〇一七年の欧州女子選手権を自宅のソファからテレビ観戦して記事を書いていたときから、私はフランスでの現地取材に照準を合わせ、二年をかけて準備をしてきた。女子サッカーについて書こうとした動機は、イングランドでの女子サッカーの盛り上がりに刺激を受けたことにある。女性たちのサッカー競技を取材するのに、絶好のときがやってきたのだ。

この時期の女子サッカーの隆盛は、当時の社会の動きとまたもや連動していた。女性たちは平等を求める闘いと、もっと広範な社会問題に取り組む運動の先頭に立っていた。二〇一八年、環境活動家、グレタ・トゥーンベリは一五歳のとき、学校を休んでスウェーデン議会の前で気候変動を食い止めるための行動を起こすことを訴え、何百万人もを動かした。読点として赤い血のしずくの絵文字を使うことで、月経を恥辱とすることへの抗議を示した運動によって、ウェールズとスコットランドで生理用品が無償で提供される法案の成立が促された。

フィンランド政府の五政党の党首は全員女性で、サンナ・マリンは二〇一九年、三四歳で世界で最年少の首相に就任した。スーダンでは政治家の汚職に抗議して街頭デモが繰り広げられ、独裁者だったオマル・アル・バシルを失脚させたが、デモ参加者の七割が女性だった。#MeToo 運動に後押しされて、インドではレイプと性的暴行への関心を高めようと、何千人もの女性たちが二四週で一万キロを歩いた。フェルランニング〔勾配のある高地のレース〕のチャンピオンである英国のジャスミン・パリスは、二〇一九年一月に行なわれたモンテーン・スパイン・レース〔イギリスのエデールからスコットランドのカークイエホルムまで高地二六八マイル（四六〇キロメートル）を最大七日間で走るウルトラマラソンレース〕に出場し、エイドステーションで赤ちゃんに授乳しながら優勝した。二〇一二年から始まったこのレースで、女性優勝者は彼女が初だ。ソーシャルメディアで #BlueGirl で知られるイランのサハール・コダヤリは、男装してサッカーの試合を生観戦して逮捕され、六カ月の禁固刑を命じられて焼身自殺した。女性たちは社会に平等に参加する権利を求めて立ち上がり、こういった抗議や運動を起こすことで日常的に直面する問題を正していこうとしている。女性がスポーツに参加する権利もそのひとつだ。

イングランド女子代表の二〇一九年大会に向けての歩みは、最初から暗雲がたちこめた。チェルシーFCウィメン所属のエニオラ・アルコが、マーク・サンプトン代表監督の人種差別発言を告発した。サンプトンはアルコに、ナイジェリアの親戚をウェンブリーに連れてくるな、エボラウイルスを持ちこまれたら困るから、といったとされている。またサンプトンは、チェルシーFCウィメンでアルコとチームメイトだったドリュー・スペンスに、逮捕歴は何回あるんだ？　と聞いたともいわれている。アルコはナイジェリア生まれの英国人で、スペンスは英国生まれだがジャマイカ人の血を引いている。アルコは極秘でFAの「カルチャー・レビュー」への出席を求められ、この出来事を話した。その後、口止め料として八万ポンドが支払われて和解したが、八月二一日にガーディアン紙が暴露した。

二回の取り調べが行なわれ、中立的な立場にあるキャサリーン・ニュートン弁護士はサンプトンの嫌疑を晴らした。アルコへの人種差別発言についてのサンプトンの取り調べに、スペンスやほかの選手たちは出席を拒んだ。発言現場を目撃したといわれ、主要な証人とされたリアネ・サンダーソンへの取り調べもできなかった。アルコは、政府の文化・メディア・スポーツ省特別委員会に証拠を提出し、委員会はFAの上級理事に状況説明を求めた。

二〇一七年九月、サンプトンはついにFAから解任通知を受けた。だが人種差別発言が問題になったからではない。ブリストル・シティWFCで監督をしていたときにあった、女子選手たちへの「不適切で受け入れがたい」行為が代表監督の解任理由とされた。FAは彼を代表監督に選んだときに、すでにその行為を知っていたはずだ。実際のところ、確たる証拠がそろえられない人種差別発言を理由に解任するのは不当だとサンプトンが主張したので、FAはやむなくブリストル・シティ時代の件を持ち出さざるをえなかった。

この一件についてのFAの対処は、控えめにいっても完璧からはほど遠かった。フィリップ・ネヴィルがつぎの女子代表監督として発表された。監督経験が皆無で、何かとよくない噂があり、本人が立候補したわけでもないフィリップ・ネヴィルがなぜ就任したのか、とこの人事は波紋を呼んだ。

新聞各紙はネヴィルに監督をやらせるべきではない、と反対した。フィリップ・ネヴィルは兄の元イングランド代表選手、ガリー・ネヴィルがバレンシアCFの監督をつとめていたとき、二カ月ほど手伝ったことがあるだけで、プロの監督としての経験はないに等しい。またツィッターで過去に性差別発言を投稿したことが発覚し、厳しい非難を浴びたこともある。

それでも少なくとも最初のうちは、FAがおかしたふたつのまちがいは、一見正しかったように思えた。ネヴィルは男子サッカーにむいていた関心を女子サッカーに転じさせたし、自身の選手時代のマンチェスター・ユナイテッドFCでの優勝経験は、女子チームに勝者のメンタリティを植えつけるのに役立つことはまちがいないと主張した。過去の性差別発言についても謝罪し、「当時もいまもそういう発言は容認できるものではない」と強調した。代表監督としての資質を疑問視する意見、とくに一流の女性アスリートをまとめる経験がほとんどないことを危ぶむ声に対して、自分の双子の妹、トレーシー・ネヴィルはネットボール〔バスケットボールに似た七人制球技〕のイングランド代表に選ばれ、いまは女子代表監督に選ばれる一流女子アスリートであり、彼女とともに育った経験が生きるはずだと反論した。

予想に反して、ネヴィルは新しい時代の女子サッカー競技のスポークスマンとしてすぐれていることをがあきらかになった。チームは、彼が目指すサッカーをピッチで実行した。からだを張って闘い、ボールをスピーディーに動かし、そしてここが重要なところだが、ネヴィルは実効力のあるプレーをチームに浸透させた。サンプトン前監督のスタイルから、ボール保持を重視したポゼッション・サッカーへと変えた。ネヴィルが指揮する代表チームは、ディフェンスラインから組織的に試合を組み立てていくという、国内リーグでも増えてきた戦術をとった。代表チームには直感力にすぐれた選手たちが集まっており、ネヴィルは彼女たちがピッチで楽しんで自分たちの才能を存分に発揮できる環境を整えた。ネヴィルはまた目標をはっきりと広言した。二〇一九年女子ワールドカップで、イングランドは優勝トロフィーを掲げる。だが、前線の選手たちの活躍が、チームの守備の脆弱さを隠していた。

イングランドでも世界でも、女子ワールドカップにむけてこれまでになく盛り上がっていた。何百万人もが女子サッカーについて語りだした。女性はサッカーをすべきではないとか、女性にはサッカーの試合は無理だとかいう話題ではなく、女子サッカー競技そのものについて、試合の動向や見所について語りだしたのだ。

しかし私が生まれて初めての女子ワールドカップの取材のために、ロンドンからユーロスターに乗ってパリ北駅に降りたったとき、ホストであるフランスでは思っていたほど盛り上がっていないことに気づいた。パリの通りには女子ワールドカップ開催を告げるポスターが貼られていなかったし、ブースが出ているわけでもない。シャンゼリゼ大通りには全仏オープンテニスの開催を告げる垂れ幕が出ているだけだ。パルク・デ・プランス・スタジアムにむかう途中、女子サッカー選手の姿を車体にペイントしたタクシーを一台だけ見かけたが、そこにもワールドカップの告知は見当たらなかった。スタジアムも派手な装飾があるわけでもなく、メディアとＶＩＰ用の入口の脇に看板が出ているだけだ。各チームが大会にむけて強化に励んできたのに対して、開催国組織委員会（ＬＯＣ）の取り組みはおざなりとしかいいようがなかった。

組織委員会はそれでも楽観的に構えていた。一〇〇万枚のチケットが大会前に販売済みだといわれていた。ＦＩＦＡマーケティング・サービス担当理事のジャン・フランソワ・パシーは、大会はスポンサー収入と放映権料に頼っていると明かした。「もちろんわれわれはこれまでも努力してきたのですが、過去に比べると大々的に改善されたと思っています」と彼は断言した。

六月七日、パルク・デ・プランス・スタジアムで開催された開幕戦で、ホストのフランスは韓国と対戦し、４−０で勝利した。収容人数四万八五二七人のところ、四万五二六一人が観戦して大会のこれからの盛り上がりを期待させた。二日後、イングランドはスタッド・ド・ニースでスコットランドと対戦した。残念ながら観客数は一万三一八八人と少なかったが、フィル・ネヴィルが率いるチームは熱く闘った。前半にニキータ・パリスとエレン・ホワイトがゴールし、二点を先行する上々のすべり出しを見せた。右サイドバックのルーシー・ブロンズとフォワードのニキータ・パリスという主軸の二選手が予想通りチームを引っ張った。しかし後半七九分、スコットランドのクレア・エムズリーに一点を返され、イングランドのディフェンスの脆弱さが露呈し、勝利したものの不安を残す終わり方となった。

グループDのイングランドは長距離の移動を強いられた。南仏のニースから第二試合は北部のルアーブルに移動し、グループリーグの最終戦はまたニースに戻る。

イングランド代表がルアーブルにむけて出発したとき、私は女子サッカーを長年追いかけているふたりを乗せてモンペリエまで三時間半ドライブして、カナダ対カメルーン戦の観戦にむかった。途中ニース郊外の小さな村から、私たちはガーディアン紙のフットボール・ウィークリーというポッドキャストの録音を試みた。初めての土地で、慣れない左ハンドルの車を運転し、しかも途中で仕事もこなした私たちは、疲労困憊してモンペリエのスタッド・ドゥ・ラ・モッソンにたどりついた。

試合は、カメルーンの無秩序だが刺激的なサッカーに翻弄されながらも、堅い守備を敷いたカナダがなんとか一点を守り切って勝利した。

その二日後の六月一二日、私はまたニースに戻り、フランス対ノルウェーの試合を取材した。試合はフランスが2-1で勝利したのだが、かなり波乱含みの内容だった。フランスが先取点を奪ったものの、後半に入るとふだんはほとんどミスをしないワンディ・ルナール（フランス）がオウンゴールしてしまい、ノルウェーが追いついた。その後フランスのマリオン・トレントがペナルティエリアで倒されてPKと判定された。ノルウェーのイングリド・エンゲンは自分が先にボールにさわっていたと抗議しビデオ判定となったが、PKはくつがえらなかった。フランスは強豪ノルウェーをくだして開幕戦から二連勝した。

翌日、私はルアーブルにむかい、六月一三日にスタッド・オセアンでイングランド対アルゼンチンを取材した。大会前の予想で、アルゼンチンはグループリーグ突破がむずかしいと見られていたが、それをくつがえそうとかなり荒っぽいプレーでイングランドの選手たちを悩ませた。足をわざと踏み、大声で威嚇して選手を動揺させ続けたが、結局二〇一七年の欧州選手権で得点王だったジョディ・テイラーがあげたゴールを守り切ったイングランドが勝利した。

六月一五日はベルギーとの国境に近いバランシエンヌのスタッド・ドゥ・エノーでオランダ対カメルーンの試合を取材した。ルアーブルから三時間のドライブで、午後三時キックオフに悠々と間に合った。欧州チャンピオンのオランダ代表は、どの試合も自国からやってきた大勢のファンたちの熱烈な応援を受ける。私は初めて、オレンジ色のユニフォームのファンたちが、隊列を組んで踊り歌いながらスタジアムまでやってくる姿を見た。試合はオランダの若きストライカー、フィフィアネ・ミデマーのヘディングシュートが決まったすぐあと、カメルーンのガブリエル・ウングネが同点ゴールをたたき出してオランダはいささかひやりとしながら前半を終えた。だが後半に入って、ドミニク・ブラッドワースとミデマーのゴールで、オランダは順当に連勝した。しかし大会前から指摘されていたとおり、オランダは守備にほころびが目立った。

フランスのグループリーグ最終戦である対ナイジェリア戦は、レンヌのロアゾン・パルクで行なわれた。パリやニースとちがって、レンヌはサッカーが盛んな街だ。街をあげてフランス代表チームを応援していることが伝わってくる。ゴール裏には地元のチーム、スタッド・レンヌFCのサポーターたちが集結して、高らかにチャントを歌い、発煙筒がひっきりなしに焚かれて、選手たちを鼓舞した。後半にフランスはPKを獲得し、ワンディ・ルナールがペナルティスポットに立った。いったんはゴールポストにはじかれたPKだったが、ナイジェリアのゴールキーパーが、ルナールがボールを蹴る前にゴールラインから離れたというので蹴り直しとなった。結局この一点が決勝点となり、フランスがグループA首位で決勝リーグに進出した。ナイジェリアの監督、トーマス・デナービーは怒り心頭に発した面持ちで、「ここで私が正直な意見を言ったら、帰国させられてしまうだろうね」と息巻いた。

二〇一九年女子ワールドカップは、国際サッカー評議会が新しく導入したルールが適用された初めての主要大会となった。ゴールキーピングの新ルールもそのひとつだ。たしかにナイジェリアのゴールキーパー、キアマカ・ンナドジェはPKが蹴られる前にゴールラインより前に出ていたとしてイエローカードが出された。だがルナールの最初のPKはゴールポストをたたいたのだから、ナイジェリアのキーパーが前に出ていたこととPK失敗は関係がないはずだ。PKのときにキーパーの足がゴールライン上になかったことで自動的にイエローカードを出す、というルールは大会の途中で修正された。キーパーだけでなく審判もこのルールに苦労し、PK戦になったときに大勢のゴールキーパーにイエローカードやレッドカードが出されて、キーパーが不在になってしまうことを恐れて、FIFAがパニックに陥ったためだ。規模の大きな国際大会を新ルールの実験場としたことについて、FIFAに非難が浴びせられた。国内では採用されていないビデオ判定を、女子の国際大会で使用したことについても、選手たちがより厳しくなったルールに順応できるのかと懸念が寄せられた。

イングランドは二〇一五年大会の準優勝チームだった日本に2―0で勝利し、決勝トーナメントに負けなしで進出した。エレン・ホワイトが二ゴールを決めた。日本代表は二〇二〇年自国開催の東京オリンピックに照準を合わせ、若手中心でチームを組んできたが、チーム力は貧弱で、かつての日本女子代表とは思えないほどプレーが雑で、決定力があまりにもお粗末だった。

イングランドは決勝トーナメントの第一戦でカメルーンと対戦し、3―0で完勝したものの、後味の悪い試合となった。カメルーンのイボンヌ・ロイコがニキータ・パリスの顔面を肘打ちしてイエローカードを出されたところから、試合は荒れ模様となった。ディフェンスのアウグスティーン・エシャングがペナルティエリア内でキーパーのアネット・ンゴ・ンドムにバックパスをして、イングランドがエリア内でフリーキックを獲得。カメルーンは選手全員がゴールライン上に並んだが、それでも得点を許した。前半終了間際にエレン・ホワイトのゴールがオフサイドだと抗議し、ビデオ判定でもオンサイドとして認められたにもかかわらず、カメルーン選手たちは怒り狂ってセンターサークル付近で円陣を組んで試合続行を拒否した。カメルーンの監督はなす術もなくタッチラインで見守るばかりだった。これほど荒れた試合を私は見たことがなかった。

後半にカメルーンのアジャラ・ヌシュートのゴールがオフサイドと判定され、ビデオ判定によってもくつがえらずに取り消されたとき、カメルーンの選手たちはまたもや試合をボイコットしそうになった。たしかにオフサイドかオンサイドかの判定はきわどかったが、ルールはルールだ。しかしカメルーンはまたもや不正が働いたと受け止め、審判は彼女たちの苛立ちを抑えるのに苦労した。イングランドが三点リードしたあともカメルーンの手荒いプレーは続いた。フォワードのフラン・カービーがPKを要求したが、ビデオ判定で認められなかった。イングランドのキャプテン、ステフ・ホートンが胸を突かれ、くるぶしにタックルを受けたが、カメルーンの当該選手に出されたのはレッドカードではなくイエローカードだった。FIFAが信頼を寄せる主審であることはわかるが、試合後半になんとか両チームの全員をピッチに立たせて試合を終わらせたいというあまり、多くのまちがった判断をしたことは否めない。

カメルーン戦に勝利したイングランドは、準々決勝でノルウェーと対戦した。ノルウェーは注目の選手、キャロライン・グラハム・ハンセンがチームの指揮をとっており、それまでの戦いぶりも見事だった。強豪ノルウェーとの対戦で、開始早々の前半四分にジル・スコットがゴールを決めて、チームを落ち着かせた。エレン・ホワイトが前半四〇分にゴールを決めて二点差で折り返した後半、ルーシー・ブロンズが強烈な三点目を決めてノルウェーを突き放した。ブロンズのゴールが決まった瞬間、イングランドの記者席は全員が飛び上がって喜びを爆発させ、取材の苦労も忘れた。

翌日、ホストのフランスと世界チャンピオンのアメリカとの準々決勝が行なわれるパリのパルク・デ・プロンス・スタジアムには、取材を申し込むメディアの長い列ができた。ミーガン・ラピノーの発言に刺激を受けたジャーナリストたちが、権力に立ち向かうスポーツの力を取材しようと集まってきたからだ。その年の一月、ラピノーがサッカー専門誌にインタビューを受けたとき、撮影現場を撮った動画が大会期間中に公開された。「優勝したらホワイトハウスに行くのか？」とたずねられたラピノーが「クソなホワイトハウスなんかに誰が行くか」ときっぱりと答えた動画だ。試合はラピノーの二ゴールで、アメリカがフランスをくだし、準決勝進出を決めた。

ラピノーのゴールがチームを勢いづけると、トランプは彼女の公開動画での発言にツイートでこう応酬した。「ちゃんと仕事を終えろ！　まだミーガンやチームを［ホワイトハウスに］招待してないぞ。でも勝とうが負けようがチームを招待する。ミーガンはわれらの国、ホワイトハウスや国旗に敬意を欠くべきではない。とくにこれまで彼女やチームに尽くしてきたことを考えたらな。おまえがつけている国旗に誇りを持て。ＵＳＡ、その調子だ！」

　試合後もラピノーには矛先をおさめる気配はなく、トランプから何をいわれようと態度を変えようともしなかった。レズビアンであることを公表しているラピノーは、パリでの勝利のあと、ＬＧＢＴＱ＋のさまざまな権利について啓発する「プライド月間」に活躍したことは個人的に意味があると思うか、と聞かれて「がんばれ《ゴー》、同性愛者《ゲイ》たち！」と答えた。「チームはゲイを抜きにして大会を勝ち抜けない——これまでもそうだった。私は私のことが好きな人たちに、また同じことをめざして戦っている同志たちに勇気をもらう。おまえはまちがっているといいたがる人よりも、私のことが好きで、いっしょに闘っている人たちに大きなエネルギーをもらう。躍起になっておまえがまちがっているといい張る人を相手にしても消耗するばかりだ。でも私にとって、プライド月間とワールドカップ開催中に、ゲイで、すばらしい活躍を見せられることは、いい感じだ」

　アメリカがフランスを下して準決勝に進んだことで、ネヴィルが率いる血気盛んなイングランド代表との対戦の舞台が整った。サッカーアメリカ合衆国女子代表チームのスタッフが、イングランドが滞在するホテルを偵察しているところを目撃された。タブロイド紙が喜びそうなゴシップだったが、そんな噂もこの試合に対する関心を盛り上げ、ファンを刺激して、興奮は日に日に高まっていった。

　スタッド・ド・リヨンで行なわれる準決勝のメンバー表が配られたとき、記者たちの間から驚きの声があがった。ラピノーがベンチからのスタートになる。のちに怪我のためにスターティングメンバーに入らなかったことがわかった。ネヴィルはブロンズとパリスという右サイドで攻撃の要となってきたふたりを左右に分けた。

エレン・ホワイトの得点力が守備のほころびを覆い隠していたイングランドだが、アメリカの強力な攻撃力の前に早々にほころびが露呈した。アメリカはそれまでの五試合すべてで、試合開始から一二分以内にゴールするという巧みな戦術を成功させて勝利してきた。アメリカのクリステン・プレスは、イングランド右サイドバックを守るはずのルーシー・ブロンズがそのポジションにいないのを見るなり、悠々とサイドを突破してフリーでゴールを決めた。開始わずか一〇分だった。あっけない失点に、私はがっくりと肩を落とした。それでも絶好調のエレン・ホワイトがベス・ミードのクロスをアメリカゴールにたたきこんで一九分に同点となったときには、希望が生まれた。それも束の間、イングランドのディフェンスがもたついているところを、リンジー・ホランがあげたクロスをアレックス・モーガンがヘディングでゴールし、イングランドはまたリードを許した。エレン・ホワイトが二度にわたってオフサイドをとられたり、ステフ・ホートンが試合後半に得たPKを外したりと不運もあったが、イングランドの決勝進出の夢はアメリカの圧倒的破壊力の前についえた。

ネヴィルは、準備期間が足りなかったとか、スターティングイレブンがまちがっていたとか、フォーメーションが浸透していなかったとか、守備が脆弱すぎたとか、自信が自惚れを招いたとか、いろいろと批判は出た。しかしイングランドがアメリカをぎりぎりまで追いつめたものの、アメリカが一ランク上だったことが現実だ。

おそらく設定された目標が高すぎたのだろう。スー・キャンベルはこう説明した。

フィル［ネヴィル］が初めて私と話したとき、こういったんです。「われわれには豊かな才能を持った選手が大勢いますが、彼女たちは自分たちの能力を信じていない。すぐれた選手であると思っていないんです」。［選手に自分の力を信じさせることが］彼の現実的な戦略でした。［優勝が目標だと広言したのは］傲慢さからではありません。「私たちはどんな相手でも勝てる」ということではないのです。フィルが望んだのは、選手たちがどんな試合でも自信を持ってプレーして、自分たちは勝つことができる、と信じることだったのです。［二〇一九年初頭にアメリカで開催された］シービリーブス・カップでイングランドが優勝したことは、フィルだけでなく選手たちにとっても快挙でした。そのときの勢いがワールドカップまで持続しました。私はイングランド代表とずっと一緒にいて、みなが純粋に、自分たちはやれると信じた様子を見てきました。それは虚勢ではなく、思いこみでもなく、内面から湧き出てくる自信で「そう、私たちはできる」といえる気持ちでした。アメリカ代表はどんな試合でもその気持ちでピッチに立っています。自分たちが負けるなんてありえないと思っている。2-0にされても逆転できると思っています。頭のなかにそうたたきこんでいるし、そういう思考回路なのです。早くからアメリカの選手たちは「自分たちは勝者だ」と信じるメンタリティを持っていました。フィルはそのメンタリティをイングランドの選手たちにも持たせようとしました。

選手たちは意気消沈した。「あの晩、ホテルで見た光景はひどいものでした」とキャンベルはいう。「選手たちの大半がホテルの中庭にただ座っていました。午前四時に大丈夫かと心配になっておりていったら、まだそこでしゃべっているんです。選手たちは深く傷ついていました。身体的に回復させるためにはどうしたらいいだろう、気持ちを立て直すためにできることがあるか。あのときに感情面で選手たちが負った傷の深さを私がわかっているとは思えません。また代表のユニフォームに袖を通して、自信を取り戻せるまでに長い時間が必要だと思います」

記者たちも力を落とした。だががっかりしている時間はなかった。ニースで行なわれる三位決定戦のために、多くの記者が翌朝リヨンをたった。私はリヨンに残り、女子サッカーでの虐待、いやがらせや搾取の根絶を、FIFAをはじめとする協会に呼びかける運動#FearlessFootballを取材した。運動立ち上げを発表する会場では、アフガニスタン女子代表監督のケリー・リンジーが、代表選手たちの何人かがアフガニスタンサッカー協会のケラムディン・カリム会長から虐待を受けている、と報告した。私は何カ月にもわたって、遠く離れたアフガニスタンにいるリンジーと連絡を取り合って一緒に仕事をしてきたが、初めて顔を合わせることができて感動した。

その夜、イングランド代表のワールドカップでの戦いについて反芻したあと、私は準決勝のもう一試合であるスウェーデン対オランダ戦をスタッド・ド・リヨンで取材した。退屈な試合で、ゴールキーパーの美技しか見所がなかった。そのときはまだ無名だったオランダのゴールキーパー、サリ・ファン・フェーネンダールと、スウェーデンのヘドビグ・リンダールは、試合を通してすばらしいセーブを見せ続けた。試合は延長に入り、九九分にジャキー・フルーネンがあげたゴールで、欧州チャンピオンのオランダが1-0で勝利し、アメリカとの決勝にのぞむことになった。

ついに決勝戦の朝が来た。二年間にわたって準備し、フランスで五週間取材をしてきた大会が、いよいよその夜、幕を閉じる。私が以前に持参した金属製の水筒は没収されてしまったので、日中に気温三〇度を超えることを考えてペットボトルを持っていった。ところがそれも没収されてしまった。よく見たら大会スポンサーとは異なる飲料水メーカーのものを持参したからだと気づき、それまで感傷に浸っていた私は一気に目が覚めた。「私はジャーナリストでテロリストではない」と訴えたいところだったが、決勝を前に暴れるわけにもいかず、黙って記者席に入ることにした。

決勝で、初めて欧州チャンピオンと世界チャンピオンとが対戦することになり、試合への関心はまた高まっていた。スターティングイレブンにまた「己が信じた道を行く」姿勢を貫くラピノーが戻った。試合はアメリカが後半にPKを獲得し、ラピノーが決めてアメリカが1−0でリードした。ラピノーはこの得点で最多得点のゴールデン・ブーツ賞と最優秀選手賞であるゴールデン・ボール賞を確実にした。オランダは一時間以上アメリカに得点を許さず、何度もアメリカを追い詰めた。それはこれまでほかのチームがどこもやれなかったことだ。しかしアメリカはローズ・ラベルが試合を決定づけるすばらしい二点目を入れて、アメリカが優勝した。

ＦＩＦＡのジャンニ・インファンティーノ会長がトロフィー授与のセレモニーのためにピッチに入ってくる前から、グラウンドに「イコール・ペイ（同一賃金）」のチャントがわき起こっていた、アメリカの選手たちが、自分たちの主張を通すためにスポーツの場をいかに効果的に利用しているかを示す出来事だった。だが、そのチャントは観客からのブーイングにかき消された。

そして試合後の記者会見で、選手たちはあとに引かない姿勢をはっきり示した。紫色に髪を染めたラピノーは堂々と発言した。「私たちだけでなく、ワールドカップでプレーしたどの選手も、みなさんが期待なさった以上の信じられないほどすばらしい試合を繰り広げました。みなさんに感動を届け、すぐれた親善大使となり、人気を盛り上げ、すばらしいプレーを見せて、これ以上できないというくらいがんばりました。そこでつぎのステップへと進む時期がきました。少しくらい公共の場で恥ずかしいことをしたからといって、誰も傷つかないと思っていますか？　私はあのブーイングには傷つきました」

フランスではあまり話題にもならなかった女子ワールドカップだが、世界中で一億二〇〇〇万人が試合を視聴した。決勝戦のライブ平均視聴者数は八二一八万人で、前回四年前の大会より五六パーセント上がり、ユニーク視聴者数（同じ人が複数回視聴すると、その回数もカウントする）は二億六三六二万に達した。女子サッカー競技に視聴者、ファン、スポンサーなどを引きつける大きな潜在的可能性があることが、大会を通してはっきり示された。そして世界チャンピオンとなって、世界最大のステージの頂点にサッカーアメリカ合衆国女子代表が立ったことは、サッカーだけでなく女性たちが挑戦するスポーツ競技全般にとってたとえようもないほど大きな意味を持っていた。アメリカ女子代表チームは、女性たちのスポーツ競技の成長に必要なことを、大会を通してはっきり示したからだ。

二〇一九年女子ワールドカップは将来の大会への基準を設定した。翌年二〇二〇年に予定されていたオリンピック、二〇二一年イングランドで開催予定の欧州女子選手権、オーストラリアとニュージーランド共催で開催される二〇二三年の女子ワールドカップは、国際的に女子サッカーを発展させていく本当の契機になるはずだった。しかし新型コロナウイルス感染によって起きたパンデミックのために、オリンピックも欧州選手権も開催が一年延期となり、東京オリンピックは男子の欧州選手権のわずか数週間後となる二〇二一年夏に開催された。

オリンピックにおける女子サッカー競技は、男子サッカーよりも大きな意味を持つ。男子サッカーは二三歳以下の選手（オーバーエイジ枠が二選手入る）で構成されるが、女子に年齢制限枠は設定されていない。二〇一二年のロンドン大会と同様、イングランド、スコットランド、ウェールズ、北アイルランドは互いへの反目を一時棚上げし、またチームGBを結成してのぞんだ。

チームGBは東京大会に短期間の準備でのぞまねばならなかった。ところが東京オリンピックでチームGBの指揮をとると期待されていたネヴィルが、マンチェスター・ユナイテッドFCでチームメイトだったデイヴィッド・ベッカムがアメリカで設立したインテル・マイアミの監督に就任するので辞めることを発表した。フィル・ネヴィルは、東京オリンピックと欧州選手権の開催が延期になったにもかかわらず、二〇二一年五月で切れる女子代表監督の契約期間を延長する意志がないことを表明した。困惑したFAはとりあえず、オランダ女子代表監督のサリナ・ビーフマンが欧州選手権からイングランド女子代表の指揮をとることをまず発表した。

だが東京オリンピックの指揮を誰に取らせるのか？　オリンピックまで五カ月と迫ったところで依然代表監督は不在で、FAは窮地に追いこまれた。やむなく急遽、ヘーゲ・リーセを暫定的にアシスタント・コーチに任命して指揮をとらせることにした。リーセは二〇〇〇年のオリンピックでノルウェーに金メダルをもたらし、一九九五年女子ワールドカップと一九九三年女子欧州選手権で優勝を経験している。しかしパンデミックによる行動制限のために、チームGBは一試合もしないまま日本に向かわざるをえなかった。一方でアメリカ女子代表は二〇二一年に一二試合をこなしていた。

オリンピック初出場のチリに2–0で勝利し、ホスト国の日本を1–0でやぶり、カナダには1–1ときわどく引き分けたチームGBは、グループリーグでトップに立って準々決勝に進んだ。おもしろいサッカーはしつつも、ゴールは相変わらずエースのエレン・ホワイトからしか生まれず（グループリーグの四ゴール中三ゴールがホワイトの得点だった）、守備は不安定というイングランド女子代表ファンにはおなじみの光景が続いた。準々決勝ではオーストラリア女子代表に2－1でリードしながら、最後の最後でチームGBは崩壊した。八九分、オーストラリアのフォワード、サム・カーが得点して2－2で延長に入った。延長に入ってからもオーストラリアの勢いは止まらず、メアリー・ハウラーとサム・カーがそれぞれ得点して逆転に成功。エレン・ホワイトが一一五分に得点をあげて一点差に詰め寄ったがそこまでだった。英国は3－4で準々決勝で散った。

これまで国際大会で圧倒的な力を誇ってきたアメリカ合衆国女子代表だが、初戦でスウェーデンに0－3でやぶれる波乱があった。二〇一六年リオデジャネイロ大会でも、アメリカは準々決勝でスウェーデンにやぶれている。新しく監督に就任したブラトコ・アンドロフスキのもとで、アメリカ合衆国女子代表らしくない、大胆さが見られないサッカーを続け、苦しみながらもなんとかグループリーグ二位で決勝トーナメントに進出した。準々決勝ではワールドカップ決勝で対戦したオランダ女子代表と対戦し、2－2でPK戦に持ち込んで4－2でオランダを退けて準決勝に進んだ。鹿島スタジアムで行なわれた準決勝で、アメリカは以前にイングランドのアシスタント・マネジャーをつとめていたビバリー・プリーストマンが指揮をとっているカナダと対戦した。そして二〇年間一度もやぶれたことがなかったカナダに、0－1で負けて、思いもかけない準決勝敗退となった。

カナダはスウェーデンとの決勝で、一点差を追う展開となった後半に抜け目なくPKを獲得して同点に追いつき、そのままPK戦へと持ち込んで3－2で制して初めて金メダルを獲得した。これまで二回、銅メダルに甘んじていたカナダは、プリーストマンの周到に準備した交代選手の起用と、すぐれた戦術眼のおかげで頂点に立った。

驚きを呼んだのはカナダの初優勝だけではない。オランダのストライカー、フィフィアネ・ミデマーは準々決勝でやぶれたにもかかわらず、四試合一〇得点をたたき出して得点王になり、ゴールデン・ブーツ賞を獲得した。オリンピック初出場となったザンビア女子代表はグループリーグで敗退したものの、10−3とあらっぽいスコアとなったオランダ戦と、4−4で引き分けた中国戦の合計七得点もした。またオーストラリア女子代表は、オーストラリアが二〇〇六年にオセアニアサッカー連盟からアジアサッカー連盟に変わってからしばらく低迷が続いたが、新しく監督になったトニー・グスタフソンのもとで大きく台頭していることを東京オリンピックで印象づけた。

そしておそらく特筆すべきは、新型コロナウイルス感染症によって選手にも試合にもさまざまな制限がかけられたとはいえ、世界の女子サッカー代表チームが東京に集まって試合ができたことである。

第3部

変革のとき

第14章 プロ化への道

二〇一七年三月にFAが女子サッカーの発展を推進するために打ち出した「成長のための行動指針」において、イングランド内でもっとも大きな変革となったのが、女子サッカーリーグのカテゴリーの組み直しだ。二〇一七年九月に、女子サッカーリーグを一部から四部に組み直して、来シーズンからリーグ戦を実施することが発表された。

FAは女子サッカー拡充の意志を示すため、二〇一一年に最上位リーグとしてウィメンズ・スーパー・リーグ（WSL）を夏シーズン制で展開していた。WSLに加盟する条件は、四人以上の選手に二万ポンド以上の年俸を支払うセミプロのクラブであることだった。加盟の希望を出した一六クラブのうち、その条件を満たすことができたのは八チームだ。アーセナル・レディース、バーミンガム・シティLFC、ブリストル・アカデミーWFC、チェルシーFCウィメン、ドンカスター・ローヴァーズ・ベルズLFC、エヴァートンLFC、リンカーン・シティLFC（現ノッツ・カウンティLFC）とリヴァプールFCウィメンには、FAから女子サッカーの拡充をはかるための助成金として七万ポンドが支給された。

ＷＳＬ発足から四シーズンをへた二〇一四年に二部リーグとしてＷＳＬ２が立ち上げられ、全チームがあらたに一部と二部のどちらかに加盟申請しなおすことが求められた。侃々諤々《けんけんがくがく》の議論の末、ドンカスター・ローヴァーズ・ベルズＬＦＣは二部リーグに降格し、かわりに一部にマンチェスター・シティの女子チームが加盟することになった。マンチェスター・シティＷＦＣはアーセナル・レディースからステフ・ホートン、エヴァートンＬＦＣからジル・スコット、リンカーン・シティＬＦＣからカレン・バーズリーという代表クラスの選手を引き抜き、二〇一四年シーズンはリーグこそ五位に終わったが、ＦＡカップで優勝した。二〇一六年、リーグは夏シーズンから冬シーズンに移行することになり、男子リーグのシーズンとのギャップを埋め、またチャンピオンズ・リーグや国際試合との調整をはかるためにＦＡは女子リーグだけ短期間の春シリーズを開催した。

ＦＡが「成長のための行動指針」に従って取り組んだ二〇一七年のリーグ再編で、またもや問題が浮上した。ＷＳＬ２はウィメンズ・チャンピオンシップと名称を変更し、ＷＳＬ１とＷＳＬ２に所属する全クラブは、どちらのリーグに加盟するかを選考のうえ決められることになった。トップリーグであるウィメンズ・スーパー・リーグに加盟するにあたって課せられた条件は、所属全選手が給与の支払いを受けるプロであること、二部のチャンピオンシップのクラブはセミプロであることが加盟条件となる。

あらたに発足するウィメンズ・スーパー・リーグ加盟クラブでは、選手は最低でも週一六時間以上クラブで活動すること（二〇二〇―二一シーズンには二〇時間に引き上げられた）、育成機関（アカデミー）を運営することが求められ、投資金額の下限が規定された。エリート選手のための強化、コンディショニング・コーチ、パフォーマンスの準備と医療サービスについて最低限の環境を整えることも条件となる。イングランド出身の選手の育成のために、試合に出場できるイングランド以外の選手の数も制限される。

一方で、ウィメンズ・チャンピオンシップでは選手は週八時間以上クラブで活動することに加えて、試合の開催とリザーブチームを持つことが規定された。

加盟申請の最終結果で、ウェストハム・ユナイテッドFCウィメンが三部からトップのウィメンズ・スーパー・リーグに昇格し、ブライトン・アンド・ホーブ・アルビオンWFCも二部から一部に昇格した。リーグ再編でFAは熱望していたマンチェスター・ユナイテッドの女子チームをリーグに引き入れることに成功した。マンチェスター・ユナイテッドWFCは二〇一八―一九シーズンから二部のチャンピオンシップに加盟することを二〇一八年三月に発表した。

チェルシーの女子チームが二〇一二年に、マンチェスター・シティが二〇一四年に女子リーグに加盟したことが、マンチェスター・ユナイテッドを刺激した。アーセナルにいたっては、女子プレミアリーグと呼ばれていた一九八〇年代から女子チームがリーグで活躍している。プレミアリーグのビッグクラブで女子チームに力を入れていないのは、マンチェスター・ユナイテッドだけとなったが、それでも「検討中」の姿勢を崩そうとしなかった。

しかし難局に見えても打開の道は開けるものだ。二〇〇〇年、マンチェスター・ユナイテッドFCは地元の女子チーム、マンチェスター・コリンシアンスの経営を引き継いだ。その五年後、アメリカの投資家、グレイザー家がマンチェスター・ユナイテッドFCを買収し、女子チームは「ビジネスの核とはならない」と見なされてコリンシアンスは放出された。その決断は財務的な問題だと広く考えられていたのだが、マンチェスター・ユナイテッド財団が運営するレジオナル・タレント・クラブの前従業員がガーディアン紙に語ったところによると、当時女子サッカー競技はアマチュアだったために経営陣は気にも留めていなかった、という。そもそもコストがかかりすぎるとかいう段階にはなかったから、女子チームの運営は単に面倒だという理由で却下されたのだろう、と前従業員は言った。

マンチェスター・ユナイテッドの女子サッカー参入が遅すぎたということはさておき、世界的にスーパーな力を持つクラブが加盟したことで、女子サッカーの格があがったことはまちがいない。ユベントス、レアルマドリードといった欧州のビッグクラブもこの時期に女子サッカーに参入し、女子サッカーがかつてないほど注目を集めるようになった。ビジネスとしてもマンチェスター・ユナイテッドの参入はよい影響があった。以前は頑固に女子サッカーを拒否し、時流に逆行するような姿勢を取り続けていたマンチェスター・ユナイテッドが女子チームに力を入れるようになったことで、クラブが抱える広範囲に及ぶスポンサーを女子サッカーに引き入れることが可能になったからだ。

スー・キャンベルはその効果について私にこう語った。

　マンチェスター・ユナイテッドの女子サッカーへの参入は、女子サッカーにふさわしい評価を与えました。女性たちが私たちの国技であるサッカーに、娯楽であれレクリエーションであれ参加する権利があり、女性が一流の選手として認められる権利もあることが広く認められるきっかけになりました。マンチェスター・シティFC［当時］の選手、ラヒーム・スターリングが「見ることができなければ、存在が認められない」といいましたが、女子サッカー競技も同じです。ピッチで選手を見ることができなければ、また女性監督や女性審判を目にすることができなければ、どうやって存在が認められるでしょうか？　ビッグクラブが女子サッカーに参入したことで、女性たちもサッカーをするのだと社会に広く知られるようになった、と私は信じています。その点が本当にたいせつなのです。

私は地元のパブに足繁く通っているのですが、私がサッカー関係の仕事をしていることを知っている年配の男性たちに聞かれました。「おまえさんはいったいどんなサッカーの仕事をしているのかい？」。私が「女子サッカーのことよ」というと、男性たちは女子サッカーについて勢いこんで話し始めるんですよ。「あんた、あの女性審判を知ってるか？　彼女は実にいいよ。男子の試合でも起用できんもんかね？」

いまやそういう会話が国じゅうから聞こえてきます。英国はジェンダー間の機会均等や女性の社会的地位向上をはかる政策に何百年も取り組んできたのに、少しも浸透しなかった。政治の場で話されるジェンダー平等について、人々はメディアで読んで理解はしていたけれど、自分自身がかかわろうとはしてこなかった。でも、どこかの家庭で女子サッカーが話題にのぼったら、ジェンダー平等についての考え方をサッカーが変えて、それまで信じていたものも変わったことに気づくでしょう。幼い女の子が家でお父さんに「大きくなったら宇宙飛行士になりたい」といったら、お父さんが「バカをいうんじゃないよ。宇宙飛行士になれるのは男だけだ」なんてもういわないでしょう。「そうだね、きっとなれるよ！」と励まして、娘は将来宇宙飛行士かもしれない、と本気で思うでしょう。英国じゅうの家庭でそんな変化が起こったら、女性の地位はまちがいなく変わります。私は夢を語っていますが、実現可能な夢だと信じています。

そんな社会変化を起こすために、スー・キャンベルは、マンチェスター・ユナイテッドを女子リーグに引き入れようとリーグの再編をはかった、と考えてもあながち外れてはいないだろう。マンチェスター・ユナイテッドWFCは女子の上位リーグが飛躍する起爆剤となり、実際リーグの存在感は増した。マンチェスター・ユナイテッドWFCは、前代表選手のケイシー・ストーニーを監督に迎え、英国内だけでなく欧州のトップ選手たちを引き入れた。加入したシーズンに二部のチャンピオンシップで優勝し、一部のウィメンズ・スーパー・リーグに昇格した。プロチームがセミプロのリーグで優勝したことにはなんの驚きもない。

ウィメンズ・スーパー・リーグに参入した二〇一八—一九シーズンに、マンチェスター・ユナイテッドWFCはリーグを四位で終え、つぎのシーズンを迎える前にアメリカ女子代表でワールドカップ優勝を経験したトビン・ヒースとクリステン・プレスの加入を発表した。チームの未来は輝いているように見えたが、二〇二〇年の年明けからピッチ内外でクラブと現場の選手や監督との間の不協和音が聞こえてくるようになった。二〇二〇—二一シーズンの最終戦前の五月に、ケイシー・ストーニーが監督を辞任した。新型コロナウイルスによるパンデミックの期間中、女子チームが使用できる練習設備をめぐって監督とクラブ側との間に諍いがあったことが、辞任の主な理由だった。

マンチェスター・ユナイテッドWFCの内紛によって、プロ・リーグとセミプロ・リーグの基盤が脆弱であることがあらためてあきらかになった。選手にはプロの水準を求めておきながら、契約内容や条件はとてもプロ選手とはいえないような貧弱さだ。

二〇一八年、リヴァプールFCウィメンが指揮を任せたニール・レッドファーンは、クラブから女子チームへのサポートが十分でないことに不満をつのらせ、一試合で辞任した。BBCは、暫定的に監督になったクリス・カークランドが女子選手たちの生活環境があまりにも劣悪なのを見かねて、自腹でベッドを購入したと報じた。短期間だけ面倒を見たカークランドに代わって、アカデミーのコーチだったヴィッキー・ジェプソンがトップチームの監督に就任したが、クラブ側からの支援がほとんどない状態に苦しみ、二〇一九―二〇シーズンにリヴァプールFCウィメンは最下位に沈んでチャンピオンシップに降格した。一方で、本体のリヴァプールFCはビーチバレーボールのコートつきの最新鋭の設備を備えた練習場を五〇〇〇万ポンドで建設したのだ。もちろん女子チームには練習場使用の恩恵は与えられなかった。

バーミンガム・シティLFCは二〇二〇―二一シーズンが開幕するわずか二週間前にカーラ・ウォードを新監督に迎えたが、その時点でチームには登録できる選手が八人しかいなかった。シーズン途中にバーミンガム・シティの選手たちからクラブの経営陣に、練習場のジムに行く交通手段がなく、非契約の選手たちへの賃金の支払いがされず、選手たちは「最低賃金以下」しか支払われていなくて、負傷した選手の治療が十分ではなく、そもそもチームの登録選手数が少なすぎるという苦情が寄せられた。

ウィメンズ・スーパー・リーグはプロリーグという旗印を掲げることで、FAは女子と男子の間にあるギャップを埋めようとした。リーグのメインスポンサーとしてバークレイズ銀行から二〇〇〇万ポンド近くを引き出し、BBCスポーツとスカイスポーツから年間八〇〇万ポンドの放映権料を取って放送されるようになったことは、女子リーグの最高峰の試合を見る人を大幅に増やし、女子サッカー競技に大きな変革をもたらすことができるはずだった。そのカネによって、リーグとクラブが女子サッカーの水準を上げることに役立つはずだった。だが多くの女子チームがプレミアリーグの男子クラブからの財政援助によって経営が成り立っており、そのためクラブ側は女子チームと選手たちにもっと奮起せよと圧力をかけていた。与えられているものが少なすぎる選手たちに、求められるものが多すぎる。

リーグ運営を持続可能なものにするのは簡単な仕事ではない。アメリカでは女子のプロリーグをつくる試みに三回挑戦し、二〇一二年に設立されたナショナル・ウィメンズ・サッカーリーグ（NWSL）がやっと現在まで持続して運営されている。

アメリカで最初にプロリーグ構想が持ち上がったのは二〇〇〇年だ。一年前に代表チームが自国開催のワールドカップで優勝し、中国代表との決勝戦には九万一八五人という大観衆を集めたことでリーグ設立の構想が具体化した。

一九九九年自国開催のワールドカップで優勝したアメリカ合衆国女子代表のメンバー二〇名と、ケーブル・エデュケーション・ネットワーク社のオーナーであるジョン・ヘンドリックスは、リーグ運営の母体となる組織、ウィメンズ・ユナイテッド・サッカー・アソシエーション（WUSA）を設立し、全選手が賃金を得る八つのプロクラブでリーグ戦を行なう構想を二〇〇〇年八月に発表した。WUSA（正式名称は世界プレミア女子サッカーリーグ）には初期投資として三〇〇〇万ドルが投下され、きわめて野心的ではあったが収支のバランスは最初から取れていなかった。五年間の予算を最初のシーズンで使い切り、三年目の最後となったシーズンでは、選手たちはリーグの存続のために大幅な賃金カットを余儀なくされた。

その後何回か構想は持ち上がったもののプロリーグの再開まではいたらなかったが、やっと二〇〇九年、七チームが加盟して、名称をウィメンズ・プロフェッショナル・サッカー（WPS）とするリーグが開始された。だが二回目となるこの試みも、結局資金不足のために三年で終わった。

WPSが終わった直後からアメリカ合衆国サッカー連盟（USサッカー）が女子サッカーリーグの再開に向けて動きだした。過去の失敗から学び、とにかく持続可能な体制をつくることに主眼が置かれた。そこで二〇一三年シーズンから始まったのが、ナショナル・ウィメンズ・サッカー・リーグ（NWSL）である。アメリカ代表選手たちがクラブだけでなくアメリカ合衆国サッカー連盟と契約を結んで賃金の支払いを受けることにより、クラブ側の財政面での負担が軽減された。

それでもNWSLは浮き沈みがあった。活動を停止したクラブがあれば、あらたに参入するクラブがあるために、リーグ加盟クラブは八から一〇と毎年変動する。だが山あり谷ありながらも八年にわたってリーグ戦が行なわれ、年々組織としても堅固になってきている。新しくスポンサーを獲得し、試合中継をするメディア・パートナーも放映権料を支払うことでリーグを支えており、アメリカ合衆国サッカー連盟からの自立の手助けをしてきた。現在NWSLはサッカー連盟から自立して運営されているが、まだ助成金は受け取っている。

アメリカで女子プロリーグが何回も数シーズンで頓挫したのを見て、FAがカネのあるプレミアリーグが女子チームを支えることを期待しているのはあきらかだった。だがNWSLの成長は、女子サッカーのプロリーグを経営面で自立させ、持続させることは可能なのだということを証明している。

ほかの国でもプロリーグの試みは始まっている。二〇二一年六月、スペイン高等スポーツ評議会はスペインで最初の女子プロサッカーリーグを承認した。スペインにはプロの女子チームは皆無に近かったが、二〇二一―二二シーズンから一六チームが加盟したリーガ・エジャスが始まった。国際プロサッカー協会〔一九六五年に発足したプロサッカー選手の選手会〕によれば、加盟クラブは「女子選手に男子プロサッカー選手と同じ基本的約款で契約する義務がある」と定められている。ほとんどの女子選手たちは労働条件が顕著に改善された。

一方メキシコでは二〇一七年七月から、メキシコサッカー連盟のもと、リーガＭＸフェミニルが始まった。加盟している一八チームはすべてリーガＭＸ加盟の男子チームと同じで、スケジュールも男子と合わせて七月から一二月に試合が行なわれている。

女子サッカーのプロクラブにおける雇用体制や環境について、公式に知られていることはほとんどない。ＦＩＦＡはグローバル・リポートで、二〇一九―二〇シーズンに活動した三〇の最上位リーグのクラブを分析し、女子のプロクラブの現況を報告している。それによれば、どのリーグにおいても医療体制の不備が報告されており、二六パーセントのクラブで理学療法士がおらず、三〇パーセントには医師がいない。スポーツ科学者がいるクラブは一六パーセントだけだ。ＦＩＦＡの女子サッカー担当チームオフィサーであるサライ・ベルマンはこういう。

> サッカーのエリート選手が集まるクラブでは、選手を取り巻く環境の質が高いことが重要です。とくに医学的な見地から選手の健康を守り、福利厚生を整えることが肝心なのです。

スポーツのパフォーマンス面でクラブ間の違いを生むのは、専門家の役割であることがデータで裏づけられています。われわれはその点についてすでに長期にわたって検討を重ねてきました。クラブが栄養士やメンタル管理の専門医のような専門家の意見を重視することが、チームのパフォーマンスに非常に大きな影響を与えることがはっきりしているのです。

プロから草の根レベルの試合まで、女子サッカー競技はレフェリングひとつとってもあきらかに男子に遅れをとっている。プロリーグをイチから立ち上げようとしている現段階では、男子との差にはある程度目をつぶらねばならないのかもしれない。しかし、こと選手を守ることは何よりも優先されるべきだし、これまでも最優先事項であるべきだった。女性は深刻な前十字靭帯の負傷が、男子の四倍から六倍以上も多い。なぜこれほど差があるのか不可解だが、その数字はいまだに見過ごされている。

二〇一九年九月、クリスタル・パレスＬＦＣのフォワード、ジェマ・ブライアンがソーシャルメディアで訴えた。四月に前十字靭帯を損傷したのに、クラブが自分を放置して何もしなかったというのだ。ブライアンの投稿をきっかけに、選手の健康状態にクラブが無関心であることに対する不満がいっせいにわき起こった。

ウィメンズ・スーパー・リーグが選手たちに医療ケアを提供する必要があると認めたのは、やっと二〇一九―二〇シーズンになってからである。クリスタル・パレスＬＦＣが加盟する二部のチャンピオンシップはセミプロの選手たちがプレーするが、彼女たちに対する医療ケアの必要性が認められたのは二〇二〇―二一シーズンになってからで、ＦＡが費用の一部を負担することになった。

この問題は何も新しいことではない。二〇一八年一〇月、ナショナルリーグ・サウスに加盟するロンドン・ビーズFCのエマ・ベケット選手が、同僚の三人の選手たちの手術費用をまかなうために、クラウドファンディングを立ち上げた。三人はいずれも二五歳以下で、二人が前十字靭帯を損傷しており、しかもその一人は三回目だという。クラウドファンディングで手術費用が集められている最中に、もう一人の選手が前十字を断裂して、手術が必要な選手は四名になった。そんな話はめずらしくない。

二〇二〇年だけでも、ブリストル・シティWFCのアビ・ハリソン、ブライトン・アンド・ホーブ・アルビオンWFCのエリー・ブラジルとローラ・ラファーティ、マンチェスター・シティWFCのイーファ・マニオン、トッテナム・ホットスパーFCウィメンのジェシカ・ナズ、クリスタル・パレスLFCのアシュリー・ヒンクス、バーミンガム・シティLFCのハイジ・ローガン、アーセナル・ウィメンFCのダニエル・カーターが前十字靭帯損傷でプレーできなくなった。

投資は試合を実施するためにつぎこまれてしまい、クラブやFAがメディアやスポンサーに責任を持って売りこむ商品である選手たちを守ることは、情けないほどなおざりにされていた。選手たちは負傷の治療を受けるための何千ポンドもの費用を自分たちでかき集めるか、国民保険サービスを使って無料の治療を受けるためにキャンセル待ちのリストに登録して、何カ月も待たなくてはならなかった。

加えて、FAの標準的な契約はしばしば負傷した選手ではなくクラブ側を守るような内容で、選手がプレーを断念せざるをえないように仕向けているかのようだ。二〇一八年、デンマークのポリティケン紙は、欧州サッカー界の裏側の金融取引情報をネットで暴くフットボール・リークスの記事を一部引用し、ウィメンズ・スーパー・リーグに加盟する複数のクラブが、負傷や病気で三カ月以上戦列を離れた選手に対し、解雇通知を三カ月前の日付にして放出する契約していることを暴いた。

男子サッカー選手は怪我や病気に対してははるかに保護されている。ピッチで大きな怪我を負った選手や精神的な健康を害して回復までに長期間を要する選手たちは、治療の費用やサポートだけでなく、プレーできない期間の生活費もある程度補償されている。一方で女子サッカー選手のほとんどはそんな保護規定を入れた契約を結んでいない。

ウィメンズ・スーパー・リーグの規模の大きなクラブならば、怪我や病気を患った選手を放出するような規定を契約内容に入れるようなことは考えられないだろうが、過去には財政基盤が脆弱なチームを守るためにそんな契約内容だったことはあきらかだった。ＦＡのあるスポークスパーソンはいう。


女子選手の契約は、女子サッカーのピラミッド型の階層に合わせて構成されています。ＦＡ、クラブとプロ選手の労働組合であるプロフェッショナル・フットボーラー・アソシエーション（ＰＦＡ）の間で、選手の契約内容が長年協議されてきました。近年イングランドであらたに女子サッカーにプロクラブの規定が設けられたことを反映して、クラブの規模に応じて運営を維持していけるように契約は考えられています。

男子のプロサッカークラブは、負傷や病気で長期間離脱する選手たちがいることを想定し、その場合に生じる金融負債を調整できるような対応がしっかりとられています。女子サッカーにおいても医療水準は着実に改善されていますし、将来的に必要となる要素についてたえず見直しが進められています。女子サッカー契約の変更は、ＦＡ、クラブとＰＦＡの連携で変更されていくでしょう。

もしクラブが所属選手のもっとも基本的な保険契約さえも保証できなければ、プロだろうがセミプロだろうがそのクラブが加盟するリーグが機能し、持続していけるかどうかははなはだ疑わしい。

二〇二〇年、イングランド代表選手のクレア・ラファーティがガーディアン紙で、自分が負った三回の前十字靭帯負傷について語った話が女子サッカー選手の置かれている厳しい現状を物語る。

「怪我をした選手はまず自分を責めるんです。私はそうでした。悪いのは自分だという気持ちがどんどんつのっていきます。なぜ怪我をしたのか？　怪我をしたのはなぜ私なのか？　私が何か悪いことをしたのだろうか？　練習が足りなかったから？　それとも練習しすぎだったから？　そうやって実際に起きてしまったことを直視できなくなってしまう」

どんな零細企業でも、職場での負傷に対応する労災契約が存在する。ところが負傷のリスクが普通の労働者よりも高いサッカー選手の保険は貧弱だ。選手の健康を守ることは絶対的に必要だし、後回しにすべきでもない。

プロ化への道はけっしてたやすいものではない。三歩進んで二歩下がるような歩みになるし、どの国や地域においてもプロリーグを設立する過程でいくつもの不備が見つかるだろう。

それでも世界じゅうで女子サッカーのプロ化をはかる機運は高まっている。スポンサー、選手、ファン、行政やサッカー協会がこぞって女子サッカーのプロのリーグを支援している。イングランドのウィメンズ・スーパー・リーグと、アメリカのナショナル・ウィメンズ・サッカーリーグは世界のその流れを主導し、ともに競いあって種々の改善を試みながら、「世界一のリーグ」をめざしている。そういう競争こそが成長をうながす。アメリカでプロリーグの継続が何回も頓挫しながら試行錯誤を繰り返した経験を、イングランドは学び、活かすことで、今日のウィメンズ・スーパー・リーグの活況につなげている。世界のほかの国や地域でも、あらたに女子サッカーのプロリーグをつくろうとする人たちは、アメリカやイングランドの先例を見ながら青写真が描けるだろう。

第15章　国内リーグの改編

全般的には誠意をもって臨んできたとはいえ、女子サッカーを発展させるためのＦＡの戦略の意思決定と実行は行き当たりばったりのようで、何度も行き詰まった。国際試合の観客数とメディアの視聴率は高かったが、代表チームの人気がリーグに浸透していかなかった。最初はセミプロの八チームで構成されていた女子プレミアリーグは、二〇一一年から二〇一八年の八年という短期間に、プロ選手を擁する八クラブが加盟する一部リーグと、セミプロ選手が中心の一〇クラブによる二部リーグ（ＷＳＬ１とＷＳＬ２）に構成を変更し、二〇一八―一九シーズンからは、全員がプロ選手の一一クラブで構成されるウィメンズ・スーパー・リーグと、プロ選手が数人入るセミプロ一一クラブで構成される二部のウィメンズ・チャンピオンシップへと移行した。シーズンも夏季開催から秋から初夏までと何度も変更された。何がなんでもプロ化を強引にはかろうとして無理が生じたりと、女子サッカーに対するＦＡの戦略はころころと変わり、混乱を招いている。

ＦＡが何度も変更を重ねるために、クラブは長期的な方針を立てて計画を進めることがなかなかできないでいる。長期目標をどこに置いたらいいのか分からないからだ。ひとつ変更が発表されて、それに合わせて体制を整える前につぎの変更が発表される。そうなると変更前のリーグが成功したのか失敗だったのかの見直しもないままに、進めていかねばならない。二〇一七—一八シーズンに九月から翌年五月までの開催期間に変更したことも、その変更によってどのような影響が出るかを十分に検討しないで決められた。シーズン期間を男子と同じにすることによって観客の取り合いになり、冬季にかかることで天候の影響も受けやすくなる。

公正に判断すれば、リーグ開催期間の変更の理由は十分にあきらかだ。ケリー・スミスは言う。

私たちには、女子サッカーリーグの頂点から草の根レベルまでのピラミッド階層間をつなぐ必要がありました。この国では降格昇格はサッカー競技の核のひとつなのです。

秋冬制にリーグを移行させた最大の理由は、草の根レベルのチームの事情を考慮したからだと私は思っていました。草の根のチームが夏に試合をしようとしても、クリケットとかほかのスポーツにピッチやグラウンドが使われていて、思うように試合が組めませんから。でも、もっと根本的な理由は、FIFAとUEFAが夏季に国際試合を優先してスケジュールを組んでおり、各国リーグはそれに合わせていかねばならないことにありました。

春夏秋冬の四シーズンからどこか一シーズンを芝の養生にあてなくてはならず、夏は主要国際大会のためにリーグは中断します。大半のグラウンドは第三者が管理しており、夏に芝を育てるためにグラウンドを五週間使わせてくれないのです。

その論理にもかかわらず、変更につぐ変更のために活動の継続がむずかしくなり、解散や体制変更を迫られるクラブが出てきた。ノッツカウンティ・レディースFCは二〇一六年、シーズン期間調整のために設けられたスプリング・シリーズ開幕直前に解散せざるをえなかった。ノッツ・カウンティFCが女子チームをもう支援しないと決めたからだ。二〇一七年、サンダーランドAFCウィメンはサッカー専業のプロ選手ではなく、パートタイムの選手たちでチームを構成する以前の体制に戻し、新しくプロリーグとして発足するウィメンズ・スーパー・リーグには加わらないことを決めた。この流れは必ずしもFAが一貫した方針をとっていないことだけが原因とはいえないが、どちらにしても男子チームが主体のクラブに過度に依存している女子チームの不安定さを露呈している。FAが突然発表する変更に、女子チームの維持存続は耐えきれないところまできていた。

二〇一八年、リーグの機構変更が、議論を呼びながらも発表された。一部のウィメンズ・スーパー・リーグの加盟クラブは、全員がプロ選手で、二部のウィメンズ・チャンピオンシップはセミプロ選手とする、という変更である。クラブは、一部と二部のどちらに加盟するかを五〇日足らずで決めて申請するようにと申し渡された。新しく設定された厳しい基準に合致していることを、各クラブは短期間で文書を用意し、FAに提示しなくてはならない。

準備期間はほとんどないに等しい。クラブは一年以内に実行可能な財務計画を整えなくてはならなかった。女子チームは男子主体のクラブの博愛精神によって運営されている。財務計画がうまくいくかどうかは、ひとえに男子クラブがどこまで支援するかにかかっている。男子主体のクラブの全面的な支援を受けるか、どこかから投資を受けないかぎり、女子チームは存続がむずかしいのが現実だ。

リーグ構成の変更は女子チームには打撃が大きかった。ＷＳＬ２に加盟していたワトフォードＦＣレディースは新しい二部リーグとなるウィメンズ・チャンピオンシップには入らず、アマチュア選手中心のウィメンズ・プレミアリーグに降格すると決めた。その二日後には、ＷＳＬ１に加盟していたサンダーランドＡＦＣウィメンが、加盟登録申し込みまでにウィメンズ・スーパー・リーグの基準に合わせるよう体制を整えることができないとし、かわりにほかのチームと合併して新しいチームを立ち上げ、三月にあらためて一部リーグに加盟を申し入れる予定だが、それまでの期間は下部リーグでプレーすると発表した。（サンダーランドＡＦＣウィメンが合併を考えていたのはＷＳＬ２のダーラムＷＦＣか大学とのパートナーシップだったといわれる。二〇二一—二二シーズンは二部のチャンピオンシップに復帰。）

ヨービル・タウンＬＦＣはＷＳＬ１に昇格予定だったので、リーグの構成変更に反対していたが、それでも数週間にわたって一部リーグ加盟をめざして努力した。ウィメンズ・スーパー・リーグのプロの基準を満たすためには、ＦＡからの一二万ポンドの助成金に加えて、三五万ポンドが必要だと考え、クラウドファンディングで資金を集めようとしたのだ。

「ヨービル・タウンＬＦＣは、イングリッシュリーグ〔イングランドの二部から四部までのリーグ〕やプレミアリーグのクラブのなかで唯一、ＦＡのＷＳＬ１リーグのチームを迎えるのにふさわしい設備をそなえています」とＦＡの機構変更へのとまどいをにじませながらも、誇らしげに記した。

「私たちは時間さえもらえれば、サッカー専業のプロクラブにふさわしい組織と設備をつくることができますし、そうしようという意欲も十分です。しかし現時点において、それを実現するための財務基盤が十分ではありません。選手やコーチがプロのアスリートとして活動するための予算を、すぐにも投資してもらうことが必要です」

最初の関門を抜けられないクラブが続出した。女子サッカーの先行きを懸念する声は、プロリーグを発足させようとした最初から、あらゆる方面で聞かれた。一九九一年にチェルシー・レディース（一九九二年からチェルシーFCウィメン）を設立したトニー・ファーマーは、FAの決定についてこう言った。「ヨービル・タウンLFCはWSL2で優勝し、年間最優秀クラブに輝いて、FAから称賛された。それからわずか一年後にFAはリーグを改編し、本来なら一部リーグに昇格するはずだったヨービルは昇格が取り消されてしまった。それはまちがっている。昇格と降格はピッチでの成績で決められるべきであって、改編で決めることではない」

ファーマーはリーグ改編に反対して、「FA・WSL・ファン・ユナイテッド」というグループを立ち上げ、FAに一九項からなる質問状を送った。それに対して女子リーグと競技を統括するケイティ・ブレイザーが文書で返答した。しかしファーマーはその回答に批判的だった。ブレイザーのFAの業績を自賛する回答に対し、ファーマーは、二〇一三年リンカーン・シティLFCからノッツ・カウンティLFCとなって再出発するはずだったクラブが、二〇一四年のスプリング・シリーズ開幕直前にリーグから撤退したことにふれて、女子クラブの脆弱な基盤を指摘した。

ブレイザーはまた回答で、オランダを引き合いに出し、女子サッカーに投下している資金についてこう述べた。「ほかの多くの国のサッカー協会は、自国内で女子リーグを発展させて強化をはかる道を選んでいません。オランダはその一例です。その結果、選手たちは海外でプレーしなくてはならないのです」。しかしファーマーはそれに対して「それはおかしい。オランダは二〇一七年欧州女子選手権で優勝したではないか」といっている。ブレイザーが書いている「理論的には、FAは国内試合の最上位リーグのサポートから撤退する道を選ぶこともできた［つまりWSLのライセンスが失効する二〇一七―一八シーズン終了時に女子の国内リーグのサポートを打ち切ることができた］」という部分に、多くの人たちがいらだちをあらわにした。

将来、女子サッカーのプロ化をはかることについては、全員が賛成であることは一致している。しかしその過程を急ぎすぎると、必死に努力していても落ちこぼれるクラブが出てきてしまい、不満の種をまいてしまうことになる。

それでもなお、FAの計画の後ろ立てとなる強力な条件があった。より長期的な視野と画期的な取り組みを示し、カテゴリーのトップだけでなく底辺の草の根レベルにも首尾一貫した包括的な戦略を持ってのぞみ、落ちこぼれるクラブを増やさないようにする努力をはっきり示せば、FAの提案に正面切って反対するクラブはほとんどいないだろう、という意見だ。

女子サッカークラブ、選手とファンはプロ化を望んでいる。それでもFAはどういうわけか、現場がそれを望まないように事を運ぼうとしているように思えた。スー・キャンベルはしかし、事を運ぶにはスピード感が肝心で、落ちこぼれが出るのはよくあることだ、と言った。

「FAが本部を置くセントジョージス・パークで、ケイティ・ブレイザーとともに、女子リーグの改編について話をしたことをいまも鮮明に覚えています。リーグに加盟するクラブライセンスについて説明し、トップリーグはサッカーにフルタイムで取り組むプロクラブとすること、二部リーグはパートタイムでサッカーをするセミプロとすることを伝えました。その改編がどんな意図をもってなされるか、またその年のうちに改編を進めるつもりであることを私たちははっきりと説明しました。会議に出ていたドンカスター・ローヴァーズ・ベルズＬＦＣとサンダーランドＡＦＣウィメンが私に罵倒を浴びせました。出席していた人たちはクラブの設立に生涯をかけてきた人たちばかりでした。私は彼らにいったんです。「もし私があなたの立場でいまの話を聞いたら、あなたがいまおっしゃったのと同じことを私にいったことでしょう。私の仕事は女子サッカー競技を発展させていくことです。私としても落ちこぼれるクラブを出したくない。でも現実には全員一緒に同じ道を歩いていけるわけではありません。これをお伝えするのは非常に辛い。心のなかでまったく後悔を感じずにお伝えしたわけではありません。それでも女子サッカー競技の発展に正しいと思ったことをやります。

　申し訳なかったか？　はい。でもやっているのは正しいことか？　はい。そういう気持ちでした。ドンカスター・ローバーズ・ベルズＬＦＣの人たちが私の藁人形をつくって釘を打っているのはまちがいないと思います。私はその方たちを責められない。でも私にはほかに道はなかった。私は女子サッカーを発展させなければならなかったし、プロ化を進めていかねばならなかった。翌年まで待ってくれ、と全員からいわれましたけれど、私は「いや、それはできません。待って時間を稼ぐほど、私たちは取り残されていく。いま踏み出さなくてはならない」といいました。何人かには残酷な言葉だとわかっていましたけれど、女子サッカーのためには正しい決断でした。

決断が正しかったかまちがっていたかはともかく、見捨てられてしまったと思っているチームには、何か手を打つ必要があったし、いまもその必要がある。キャンベルは、女子サッカーリーグの中間カテゴリーにいるチームをどうケアしていくかがつぎの課題だという。

私たちが大きな課題としているのは、昇格や降格でリーグ間を移行することが不可能なほど、カテゴリー間のギャップが生じないようにすることです。（女子サッカーのパフォーマンスを担当する）デイヴィッド・フォークナーは〝クロージング・ザ・ギャップ〟という新しい戦略を打ち出しました。トップのスーパーリーグと二部のチャンピオンシップの差を縮めようという戦略です。精神衛生や身体管理などあらゆる面で、チャンピオンシップのクラブのサポートを行なおうとしています。スーパーリーグに昇格したあと、どうすればそこに留まっていられるかを考えているのです。

ＦＡは三部と四部リーグであるウィメンズ・ナショナル・リーグにより多くの投資を呼びこみ、サポートを強化して育成をはかるために、新しい委員会をつくった。キャンベルは「リーグのピラミッド構造を機能させたいのです。トップリーグが閉じたものになってほしくない。トップから底辺までが、スポーツのあるべき高潔な姿を保持していく方向で発展してほしい」という。

女子サッカーのプロ化を担当する理事であるケリー・シモンズも、落ちこぼれてしまったクラブの苦境を心配する。改編によって生じる負の面は「非常にむずかしい問題」という。しかしキャンベルと同様、シモンズもプロ化を進めていく過程で、犠牲がでることは必要悪だという。

最低基準を設けることなしに、ウィメンズ・スーパー・リーグを設立、発展、商業化することは非常に困難です。放映する価値があるという根拠を示さないと放映権も売れません。また放映権を売ることひとつとっても、クラブに権利業務を担当する人材がいなければ実現できません。話をどんどん進めて、ある時点まできてやっと「テレビで放映されたい。観客を増やしたい。そのためにはマーケティング担当のスタッフが必要だ。放映権の権利関係を固めることも必要だ」といいだすようでは、早晩行き詰まってしまうでしょう。

その時点で体制が整っていなければ、もう前に進むことができなくなります。犠牲が出ることは本当に痛みを伴うことですが、新しい基準を設定しなくては、女子サッカーのプロ化ははかれないし、持続可能な製品の質を高めることもできません。必要とされる金額を揃え「準備完了！」とやってくる人なんていないのが現状です。これは事業計画なのです。新しい高い基準を確立せねばならなかったのです。

下部リーグに所属する男子サッカークラブに、上位リーグに昇格するよう励ます戦略を、女子の下部リーグにあてはめて、ＦＡの新しい要求基準に合わせてトップリーグへと飛躍するよううながすことは、まちがいなく効果的だった。問題は、チームをつくって一生懸命成長させていこうと長年努力してきたクラブが、まだ女子サッカー競技の歴史が浅いことを有利ととらえ、豊富な財源を生かして参入してきたクラブに追い抜かれてしまったことだ。

リーグ改編のどの段階でも、同じようなことが起こった。一部にいたドンカスター・ローヴァーズ・ベルズLFCは、新興のマンチェスター・シティWFCが一部に入ったことで、二部に降格させられてしまった。今日、マンチェスター・シティWFCが女子サッカーに大いに貢献していることについて異論がある人はほとんどいない。たとえチームがアブダビの富豪の虚栄心を満足させるプロジェクトの一つだったとしても、マンチェスター・シティWFCの存在は大きい。しかし当時は、一九九一年にウィメンズ・ナショナル・リーグが発足したときから一部にいた唯一のチームであるドンカスター・ローヴァーズ・ベルズLFCが降格させられたことは、アーセナル・レディースを創設した監督のヴィック・エイカーズからも強く非難された。

ドンカスター・ローヴァーズ・ベルズLFCを、リーグの全クラブが応援していた。私は七つのクラブ全部と話をし、全員がFAは不公平なことをしたと感じていた。人倫にもとる恥ずべきことだ、というのが私の意見だ。

ドンカスター・ローヴァーズはシーズンの開幕一試合が終わった時点で、降格を受け入れると発表した。九〇分で降格しろなんて、冗談だろう。そうやって追い出したんだ。降格させるというのなら、昇格についても話し合うべきだ。マンチェスター・シティWFCはプレミアリーグ［当時は二部リーグ］でシーズンを四位で終えている。

サンダーランドAFCウィメンは三〇年間ずっとトップリーグで闘ってきたけれど、翌年は二部にいくことになる。私には、これはもうサッカーではなくて、カネの話に思える。

ドンカスター・ローヴァーズ・ベルズLFCの当時監督だったジョン・バックリーはいう。「降格を受け入れると私がどんな気持ちでいったと思う？　そのときのFAの反応はどんなものだったか？　どんな反応を見せたと思う？　なぜ闘いに名乗りを上げられず、一部にいられなかったのか？　もし一部リーグで最下位だったら、やむをえない、自分たちが不甲斐なかったからだと思えただろう。自分たちは一部リーグにいる資格があった。だからこの裁定は受け入れがたいんだ。だが黙って耐えるしかない」

ドンカスター・ローヴァーズ・ベルズLFCが降格したあと、リーグ改編によって、下部リーグ所属だったマンチェスター・ユナイテッドをはじめとするプレミアリーグのビッグクラブの女子チームが、一部リーグであるウィメンズ・スーパー・リーグに名を連ねるようになったことに、誰も驚かなかった。マンチェスター・ユナイテッドWFCは一部のウィメンズ・スーパー・リーグではなく、二部のチャンピオンシップから始めると決めたが、棚ぼた式に一部に「昇格」するよりも、二部で成績をあげて一部で闘う権利を勝ち取るという抜け目のない決断だった。批判にさらされはしたものの、マンチェスター・シティWFCのように、ほかのチームの場所を奪って昇格するよりもましだ。

チャンピオンシップにはマンチェスター・ユナイテッドWFCとともに、チャールトン・アスレティックWFC、レスター・シティFCウィメン、シェフィールド・ユナイテッドWFC、ルイスWFCがライセンスを獲得した。サウサンプトン・ウィメンズFC、クリスタル・パレスLFCとダービー・カウンティFCウィメンは二部をあきらめた。この三クラブはそれまで一五クラブで構成されていた二部のWSL2に加盟していたが、新しく二部リーグとなるチャンピオンシップが一二クラブで発足することが決まったために、そのほかの条件はクリアしていたものの三部のナショナルリーグに移行した。

それまでトップリーグに加盟していたクラブで、ＦＡが希望するサッカー専業のプロ選手やスタッフで構成されているチームは少なかったが、入れ替えはほとんどなかった。一部と二部で新規参入となったのは、それまで三部にいたウェストハム・ユナイテッドＦＣウィメンが一部に入ったくらいだ。一方、二部で前シーズン二位だったブライトン・アンド・ホーブ・アルビオンＷＦＣは、ライセンスの基準をクリアしたおかげで一部に昇格した。基準をクリアできたクラブがあまりなかったために、一四チームで発足するはずだったウィメンズ・スーパー・リーグは、一一チームで始めることになり、チャンピオンシップは一二チームでスタートした。

改編以来三シーズンが過ぎて、リーグは比較的平穏に推移している。いまＦＡは、リーグごとのライセンス基準を強化すること、またリーグ運営、放映権、スポンサー契約やリーグの統治機構に力を入れている。いまも抜けているところはある。まず、チームが選手たちに、住宅をはじめ給与に含まれないボーナスを提供できていないことを考えると、年俸が意味をなしていない。前の章でもふれたが、選手の契約内容はより質を高めるべきだ。しかし過去数シーズンは方針をつらぬいてリーグが運営されたことで、プロ化の始まりとしてはうまくいっているといえるだろう。いまＦＡに求められるのは、アマチュアのリーグを強化して、セミプロのチャンピオンシップと三部リーグとの差を埋めることだ。それは乗り越えられないほど高い壁とは決していえないはずだ。

第16章 最高の選手たち

ジョージ・ベスト、ペレ、ディエゴ・マラドーナ、ヨハン・クライフ、ロナウジーニョ、ロベルト・カルロス、ボビー・ムーア、リオネル・メッシ……リーダー、アーティスト、クリエーターまたは汗かき屋として、ピッチで輝く選手たちの姿は人々の脳裏に刻まれる。女子サッカーにも人々に感動を与える(た)選手たちは大勢いるが、男子のスターたちとは少し趣が異なる。もちろん彼女たちはサッカー選手として最高だ。だがそれに加えて、女子サッカーの存在を確かなものにし、進む道を開拓した個人としての魅力で人々に感銘を与えてきた。本書では何人もそんな選手を紹介してきたが、ここであらめて本人が意図したかどうかに関係なく、時代を象徴する選手たちにふれておきたい。

ディック、カー・レディースのスターだったリリー・パーもそんなひとりだ。一九二〇年代、国内でパーの名前を知らない人がいないくらいの有名人だった。その左足から放たれるシュートは強烈で、いま聞くと信じられないほどゴールを量産した。ディック、カー・レディースでもっとも有名な看板選手だったが、チームにはほかにもすぐれた選手がいた、とディック、カー・レディースの歴史を研究しているゲイル・ニューシャムはいう。

チームでもっとも長くプレーし、合計九八六ゴールしたことでリリー・パーが突出した選手のように思われていますが、偉大な選手は彼女だけではありません。たとえばフローリー・レッドフォードは一九二一年だけで一七〇ゴールをあげました。その年、リリー・パーのゴール数は一〇八です。ジェニー・ハリスもすごい選手でした。

ほかにもすぐれた選手が大勢いたのに、あまり知られていないのはおそらく私のせいですね。私がディック、カー・レディースのことを調べ始めたとき、誰も女子サッカーに興味などなかったので、私は傑出していると思ったふたりの選手にしぼって調査をしました。それがリリー・パーとジョーン・モーリーだったのです。

私がディック、カー・レディースのことを本にまとめていたとき、誰もチームのことを知りませんでした。誰も語ってこなかったし、チームにいた女性たちの誰も知らなかった。私は当時プレストンにあった国立フットボール博物館とともに仕事をしていましたが、博物館から栄誉殿堂の候補をあげてほしい、歴史的な偉業をあげた人物をと頼まれたので、リリー・パーを推しました。それで彼女が栄誉殿堂入りしたのです。

ディック、カー・レディースと一九二〇年代を代表する女子サッカー選手としてリリー・パーがあげられることに、ニューシャムは苛立ちを感じるそうだ。そうはいってもパーの知名度が上がったことは、いろいろな面で女子サッカーの振興に役立った。人々は過去の出来事を個人の物語と結びつけることが多い。女子サッカーを何十年にもわたって牽引してきた人物として、パーの名前と顔がディック、カー・レディースというチームと女子サッカーというスポーツに結びつけられ、人々の関心の入り口となることは決して悪いことではない。プレストンにあった工場で女性たちがレクリエーションで楽しんでいたサッカーがチームとなり、一九一七年から一九六五年まで八三三試合を行ない、七五九勝した、という実績をニューシャムの入念な調査があきらかにした。しかも女子サッカー競技がFAから禁止されていた時期にも、チームは試合をしていた、という話はまちがいなく人々に感銘を与える。パーの強烈なシュートはブロックしようとした男性の腕を折ったほどだったこと。一五歳でチームに加入したこと。デビュー戦でハットトリックしたこと。そんなパー個人の物語を聞けば、年号や統計の数字がにわかにいきいきと輝きだす。

時代の流れを代表した唯一無二の選手とはいえないけれど、当時活躍していた選手たちのなかには、パーに匹敵する才能を持ち、すぐれた戦績を残した人たちもいる。彼女たちもまた女子サッカーの発展に大きく貢献した。

そんなひとりが、女子サッカー禁止令が解かれたあとの一九七二年、対スコットランド戦でイングランド女子代表の第一号のゴールをあげたシルビア・ゴアだ。ゴアは一二歳のときトライアルを受けて、当時女子サッカーでは圧倒的に強かったマンチェスター・コリンシアンスに加入した。トライアルのときから、彼女の傑出した得点能力は注目を集めた。一シーズンで一三四ゴールをあげたこともあり、女性デニス・ローと呼ばれるほどだった。背中をいためて三五歳で引退を余儀なくされるまで第一線でプレーし、その後は女子サッカーの発展を支える中心人物として活躍した。引退後はコーチとなり、その後リヴァプール郡サッカー協会で初の女性会長に就任し、ウィメンズ・フットボール・アソシエーション（WFA）の立ち上げに加わり、一九九三年にFAがWFAを傘下に置くと、女子サッカー委員会に加わった。

一九九九年女子ワールドカップで優勝したアメリカ合衆国女子代表チームは、アメリカにおける女子サッカーのその後の方向性を大きく変えた。誰か一人だけキーマンをあげるのはむずかしいが、スター集団のなかにあって看板選手だったミア・ハムは、〝もっとも市場性のある選手〟といわれた。彼女の〝市場性〟とは何だったのか？　一九九九年大会の決勝戦がPK戦に持ちこまれたとき、最後にPKを決めてユニフォームを脱ぎ、ブラジャー姿で喜びを爆発されたブランディ・チャスティンの姿は、いまもスポーツシーンで語り草になっている。彼女とミア・ハムの違いは何か？　一九九一年、第一回となったワールドカップで一〇ゴールをあげたミシェル・エイカーズはミア・ハムとともにFIFAの「存命する偉大なサッカー選手一二五人」に名前があがっているが、彼女とミア・ハムは〝市場性〟でどこに差があったのか？

ミア・ハムが獰猛なばかりに闘争心が強いことが、違いのひとつにあげられるだろう。彼女をノースカロライナ大学と代表チームの両方で指導したアンソン・ドラスは、ハムは「少女や若い女性が競うことや競争心をむきだしにして戦うことが許されなかった時代に、戦士の魂を持って闘っていた」という。

　チームの女性選手たちのほとんどは競争心を持たないように育てられていたかのようでした。男子選手から女子選手に指導対象の性別が変わったときに何が一番の難問かというと、人と競い合わないように育てられている少女や若い女性たちに闘争心を植えつけることでした。サッカーのようなコンタクト・スポーツでは、闘争心の欠如は大きな不利になります。

男性文化のなかでコーチをしてきた私は、競争を避ける女性文化を正すだけでなく、女性たちのなかにある闘争心をそれでいいのだと守り、闘争の基本に気づかせなくてはなりませんでした。

「何やってんだ？　われわれは闘うことをトレーニングしているんだ。明日なんかこないというつもりで練習しろ。自分たちは血を流しているサメで、食うか食われるかの闘いのつもりでぶつかりあえ。それでどうなるかって？　練習が終わっても、おまえたちは友だちだよ。われわれ男性はそういう文化のなかで育ってきたからわかっている」

ハムは闘争心を解き放ち育てることで、国際試合で一五八得点をたたき出し、全米大学体育協会の大会でノースカロライナ大学を四回優勝させ、オリンピック二大会で金メダル獲得に貢献した。そんなすべてが彼女の〝市場性〟に力を与えた。ナイキ、ドライヤーズ・アイスクリーム、ペプシ、フリート銀行（二〇〇四年からバンク・オブ・アメリカ）、アースグレインズ、ナビスコ、パワーバーと契約し、一九九九年ワールドカップ優勝後には、シリアルのウィーティーズの箱に登場するアスリートのひとりとなり、ゲータレードの宣伝ではマイケル・ジョーダンと共演した。ミア・ハムは、現代の女子サッカー競技における最初のスーパースターだった。

女子サッカーの試合がアマチュアレベルで行なわれていた時代にも、目を見張るような美技でファンを集めた天才たちがいた。私がとくに深く傾倒し、影響を受けたのが、イングランドのストライカーだったケリー・スミスだ。スミスが二〇一七年に三八歳で現役を引退したとき、私は大きなショックを受けた。ケリー・スミスの現役選手としてのキャリアは十分に長かったし、引退前からコーチの仕事もしていたので、近い将来に引退することは覚悟していた。ショックを受けたのは、その引退がひとつの時代の終焉を意味することに気づいたからだ。

ハートフォードシャー州ワトフォードで一九七八年に生まれたスミスは、子どものころからアーセナルのファンで、男子のチームに入ってプレーしていた。チームの最多得点選手だったにもかかわらず、チームメイトの親たちから、女の子がひとりだけチームに混じるのはいかがなものか、と苦情が寄せられて、七歳のときにチームを追い出された。想像するに、息子たちが女の子より下手だと恥をかかされるのに、親たちが耐えられなかったからではないか。

そこでスミスの父は地元の女の子たちを集めてチームをつくり、一九九四年にウェンブリー・レディースFCに入団するまでスミスはそこでプレーした。スミスのスキル、力強さとサッカーに向かう真摯な姿勢はチームのなかで頭ひとつ抜きん出ており、アーセナル・レディースの目に留まって、一九九六年に入団が決まり、その年一九九六—九七シーズンのアーセナル・レディースの優勝に貢献した。その後二度にわたって渡米し、アメリカのニュージャージー・レディー・スタリオンやボストン・ブレイカーズなどのクラブでプレーした。スミスのそんな経歴は、男子選手と同じように、女子選手もプロとして海外にわたってキャリアが積めるのだと、イギリスの若い女性選手たちを励ました。

先に述べたように、アメリカでは一九七二年に教育改正の一環として教育プログラムにおける性別による差別を禁止するタイトルIXが可決されたことで、女子アスリートが奨学金の獲得などで男子と同等の機会を与えられ、それがアメリカにおける女子サッカーの隆盛に大きく寄与した。いち早くプロ化に取り組んだアメリカの女子サッカークラブで、スミスをはじめとするイギリスの女子サッカー選手たちが活躍したことは、女子サッカーを単なる女の子のお遊びで終わらせてはいけないことをイギリスの人たちに認識させた。だがケリー・スミスの偉業はそれだけではない。

彼女はアメリカでいくつかのプロチームをわたり歩きながら、三回アーセナル・レディースに戻ってプレーしている。二〇〇六—〇七シーズンにアーセナル・レディースがリーグ、FAカップ、UEFAチャンピオンズリーグ、ロンドン・カウンティFAカップの四冠を達成したときにはチームの主柱だった。選手としてのキャリアで、彼女は多くの男子選手のレジェンドにたとえられた。サッカーに向きあう姿勢と精密機械のようなボールコントロールはジネディーヌ・ジダンに匹敵するとされ、ひらめきのあるプレーとストライカーの本能はペレ、マルコ・ファン・バステンやディエゴ・マラドーナに匹敵すると称えられた。私は彼女のプレースタイルを、全盛期のティエリ・アンリと重ねて見ていた。

しかし、彼女が女子サッカーに与えた影響の大きさは、ほかの男性のスターたちをはるかにしのぐ。なぜならスミスは、女子選手たちは目を見張るスキルで美しいサッカーを披露できる力があることを示し、だから女子サッカーには投資する価値があることを証明したからだ。そして女性たちがサッカー競技でキャリアを築く権利があることも証明した。

もうひとり、サッカーの才能に恵まれた選手といえば、ブラジルのマルタ・ビエイラ・ダ・シルバ、通称マルタだろう。ペレによく比較されるマルタだが、ペレ自身もマルタのことを「スカートをはいたペレ」と呼ぶ。ペレだけでなく、ロナウジーニョやロマーリオにもよく比較される。

ブラジル北東部のアラゴアス州ドイス・リアショスという貧しい小さな町に生まれたマルタは、男の子たちにまじって、路上でポリ袋をまるめたボールを蹴りながら成長した。やわらかで精密なボールコントロール、変幻自在に動き回り、緩急をつけたドリブルで相手を翻弄する技はストリート・サッカーで身につけ、それが彼女の代名詞にさえなった。

一四歳のときにコーチが彼女の才能に目を見張り、一六〇〇キロを旅してトライアウトを受けてCRヴァスコ・ダ・ガマ・レディースに入団した。二〇〇三年一七歳のときに初めてワールドカップに出場。ペレがワールドカップにデビューしたのと同じ年令だ。ブラジルは準々決勝まで進出し、マルタは大活躍してスターになった。その後スウェーデンのウメオIKウィメンに移籍し、欧州で最初のブラジル人女性プロ選手になった。マルタはウメオIKウィメンの四シーズン連続のリーグ優勝に貢献し、スウェーデン・カップとチャンピオンズリーグでの優勝の立役者でもあった。以来、彼女はスウェーデン、アメリカとブラジルのクラブをわたり歩き、二〇一七年からはアメリカのオーランド・プライドでプレーしている。

マルタはワールドカップ五大会で得点をあげ、FIFA最優秀選手に六回選ばれており、それは最多である。スミスと同様、マルタも女子サッカーの価値を向上させた。ブラジルが二〇一九年ワールドカップ、決勝トーナメント一回戦でフランスと対戦し、延長で1-2でやぶれたとき、ブラジルの若手選手の台頭を励ます感動的なスピーチをした。

女子サッカーの未来はあなたたちにかかっています。その未来を考えなさい。その価値をもっと高めなさい。

私たちにはもっと支援が必要です。泣き叫んで必死に支援を求めれば、最後は笑顔になれるのです。

未来をよりよいものにするためには、より多くを求めること、よりたくさんトレーニングすること、もっと自分をたいせつにすること、九〇分間プラス三〇分間プレーする準備をすることです。だから若手のあなたたちの発奮を求めているのです。あなたたちがフォルミガ〔ミライルデス・マチエル・モタ。ブラジル女子代表最多となる二三四キャップを誇り、ワールドカップ七大会、オリンピック七大会出場を果たす〕になることは永遠にありません。マルタになることも永遠にありません。クリスティアーニ〔ロゼイラ〕になることもないのです。あなたたちの未来はあなたたちがつくっていくのです。


ケリー・スミスやマルタのような有名選手ではないが、イングランドのレイチェル・ヤンキーも重要人物としてあげたい。ヤンキーはＢＢＣの子ども向けサッカー番組「フッティ・パップス」の司会をしている。黒人女性が大手テレビ局の幼児向け番組で、サッカーのコーチ役をつとめることの重要性は、どれだけ強調してもしすぎることはない。

左足で繊細な仕事をするウィングの選手であるヤンキーは、イングランドの選手たちに大きな影響を与えている。代表キャップは一二九を数え、アーセナル・レディースとフラムＷＦＣでプレーし、リーグ優勝九回、ＦＡカップ優勝一一回で、チャンピオンズリーグでも優勝を経験した。フラムＷＦＣに在籍していた二〇〇〇年に一時期カナダのライバル・ダイナマイツにレンタル移籍したことがある。フラムのオーナー、モハメド・アルファイドが一九九九年ワールドカップに優勝したアメリカ女子代表の成功に刺激を受けて、女子サッカーチームに投資しようと彼女をカナダに送りこんだ。ヤンキーはイングランドで初めてプロサッカーを経験した選手となった。

今日、ソーシャルメディアの普及と女子サッカー人気の盛り上がりのおかげで、私たちは女子選手たちのなかに男子選手にひけをとらないスーパースターを見ることができるようになった。

ノルウェーのフォワード、アーダ・ヘーゲルベルグもスーパースターのひとりだ。二〇一四年に加入したオリンピック・リヨンで、一三四試合出場し、一五四ゴールを記録している（二〇二一―二二年シーズンまで）。二〇一八年には初代女子バロンドールを獲得した。二〇一九年のチャンピオンズリーグ決勝戦で、前半のわずか一六分間でハットトリックを達成し、対戦相手のＦＣバルセロナ・フェメニを引き離した。欧州のなかでもっとも市場性の高い選手として多くのスポンサー契約を結んでいるが、一方で受賞などで注目を集める舞台に立つと、不平等に対して歯に衣を着せずに発言することでも有名である。ノルウェーサッカー協会が女子サッカーに十分なサポートをしていない不満から、女子代表チームでプレーしないと宣言している。

「はっきりしていることは、私はサッカー選手であり、サッカーをしたいからサッカーをしていることです」とヘーゲルベルグは私に語った。

サッカーは私が愛するスポーツであり、このスポーツを正しい方向へと進ませたい、私がサッカー選手になったときよりも、よりよい場所へと導きたいと心から願っています。選択肢はひとつしかありません。プレーを続けていくこと、それだけ。でもあるレベルまで達すると、それにともなって責任が重くなると私は思っています。責任を果たしていくことも重要です。責任を持ったプレーをしなくては声に耳を傾けてもらえなくなるし、影響力を持つこともできなくなるでしょう。それが現実です。プレーを始めた当初から、私がサッカーをするもっとも大きな動機は、社会的責任を果たすことでした。私はレベルの高いプレーをするために日々トレーニングに励み、声をあげることを続けてきました。

現代スポーツのスーパースターは、社会問題と自分がかかわるスポーツのあるべき姿について声をあげるようになっている。ヘーゲルベルグだけでなく、テニス選手のセリーナ・ウィリアムズと大坂なおみ、体操選手のシモーネ・バイルズとガブリエル・ダグラス、バスケット選手のスー・バードなど多くのアスリートたちが、積極的社会運動家《アクティヴィスト》の役割もになっている。自分から求めて出ていくわけではなく、多くの場合は意図せずスポットライトを浴びる状況に押し出されている。

現在のサッカーアメリカ合衆国女子代表選手は、もっとも熱心なアスリート／社会運動家だろう。そのうちの二六名がアメリカ合衆国サッカー連盟に対して、男女同一の賃金と賞金を保証することを求めて裁判を起こした。〔二〇二二年二月、アメリカ合衆国サッカー連盟は女子代表チームの訴えを認め、二四〇〇万ドル、約二七億六〇〇〇万円の和解金の支払いと賃金の平等を約束すると発表した〕そのなかから一、二名だけを選んで紹介するのはそれこそ不公平になるだろうが、社会的不正義との闘いにアスリートとして得た知名度と責任を利用することの巧みさにかけて、ミーガン・ラピノーの右に出る人はほとんどいない。ヘーゲルベルグも私に「ラピノーは世界じゅうのサッカー選手から深く尊敬されている。私たちが一度ならず彼女にやられてしまったことがあることがひとつの理由ですが、もうひとつ、女子サッカーを正しい方向に進ませるための戦いで、私たちが必要としていることを誰よりも大きな声で訴えているからです」といった。

アメリカンフットボールのコリン・キャパニック選手が二〇一六年に、人種差別反対を訴えて試合前の国歌斉唱で膝をついて抗議したとき、すぐにラピノーも試合前の国歌斉唱時に膝をついてキャパニック選手に連帯の意志を示した。二〇一八年、カリフォルニア州を襲った大規模な山火事「カー火災」で、甚大な被害を受けた出身地の救済と復興のために、一〇万ドルを目標にした募金を呼びかけた。LGBTQ＋の権利のために発言しつづけた。FIFAとアメリカ合衆国サッカー連盟に女子サッカーの発展のためにもっと尽力するように働きかけ、提訴もいとわなかった。

ラピノーは地球上でもっともパワフルなアスリートだ。二〇一九年ワールドカップでアメリカ合衆国女子代表が優勝したあと、ラピノーはバロンドールを受賞し、FIFA年間最優秀女子選手に選ばれた。代表チームの選手としてだけでなく、個人としても知名度が高まったラピノーは、自分が立つ舞台を、女子サッカーの発展と世界を変えることに利用したいという願いがますます強くなった。

私が最終的に何をやろうとしているのか？　私たちは何をしようとしているのか？　誰もが自分が及ぼしうる最大の影響力を用いて、この世界をもっとよい場所にする責任があると私は思っています。私が目指しているのはそこです。そしていまこそそれをやるべきときです。私はそのことを強く意識し、理解しています。すばらしく活躍できたことだけで、このように数々の賞がいただけたとは思っていません。賞はすべてのことが結集した結果にすぎません。ほかの多くの人たちとやってきたことの結果です。チームとやってきたこと、私たちがやってきたこと、私たちがつくりあげていったその過程、私たちがピッチの内外でともに闘ったことの結果としていただいたのが、これらの賞です。その道はコリン・キャパニックから始まりました。#MeToo運動やほかのすべての闘の差別と闘う運動から始まりました。そしていまここで私が受賞しているのは、そんなすべての闘いのひとつの結果であることはあきらかです。だから私ひとりがこの舞台に立って、ただ家族と友人たちに感謝を伝えるのはおかしい。あえていわせてもらえれば、このステージに私ひとりしかいないなんて、だましているような気がしています。

この最高の瞬間に私が大勢の人たちの代弁者として立っていることは、たいへんな栄誉です。私は大きな責任を負っていると感じています。その責任をしっかりと受け止め、この舞台に立つべき人たちに呼びかけ、敬意と感謝を表したいと思います。

より多くの人々に働きかけることができたら、たとえ最初に起こるのがわずかな変化しかなくても変化は起こるのです。私がスピーチで自分のことだけ話したら、また物事のほんの一部分だけ、サッカーのことだけにしか触れなかったら、変化は限定的です。だからもっと大きな声で呼びかけて、もっと大きな変化を起こしたいと思っています。

第17章 観客を増やすための課題

情報、データと市場測定を行なうアメリカのニールセン社が、八つの市場にまたがるグローバルな調査を行なったところ、四五パーセントが女子スポーツのライブ中継を見たいと回答したそうだ。男子スポーツを見たいと思っている六三パーセントに比べると低いが、それでも女子スポーツへの関心が高まっているのはまちがいない。しかし女子サッカーが高い関心を集め、投資を増やしたイギリスにおいても、世界のほかの地域のトップリーグと同様、「いかに観客動員をはかるか？」ということがウィメンズ・スーパー・リーグの中心課題である。

女子サッカー競技の成長の要は、スタジアムの観客数を増やすことにある。着実に観客数を伸ばしていくことが、安定した成長の鍵となる。賃金を上げ、投資を呼び混み、否定的な見方を一蹴し、女子チームを持続可能な存在にして、クラブの欠かせない支柱にするための唯一の道は、観客数を増やすことにある。

女子の試合を観戦するのためにスタジアムに足を運ぶ人が少ないことが、しばしば女子サッカーを批判する根拠にされる。ソーシャルメディアで、スポーツの解説で、パブ談義で、状況に関係なくこんな批判が繰り返されている。「もっとたくさんの人が試合を見たり、関心を持ったりしていたら、男女の扱いも平等になるだろうに」。「女子サッカーを見るよりも、男子の三部以下のリーグに足を運ぶ人のほうが多いよ」。上っ面だけを見たそんな辛辣な批評に対して、ここで回答していきたい。

確かに女子サッカーの試合観客数は少ない。がっかりするほど少ない。予算がほとんどないほかのスポーツよりも、女子サッカーの週ごとの平均観客数は少なかったりする。少しずつだが増えてきて、二〇一九年ワールドカップでイングランド女子代表が健闘したあと、女子サッカーブームが起こって一時的にぐんと増えたのだが、それでも平均観客数は少ない。

二〇一五年の平均観客数は一〇七六人で、二〇一六年は一一二八人だった。春夏シーズンから、男子のカレンダーに合わせて秋冬シーズンにリーグが移行したことで、一試合の観客数は一一パーセント減って九五三人に下がった。二〇一八―一九シーズンはゆっくりと取り戻し、一〇一〇人まで増えた。とはいっても増えたのは一〇人程度だ。新規のファンはいっこうに増えない。

一九二一年からの五〇年間にわたって女子サッカー競技にグラウンド貸与使用を禁じるFAの処置が解かれたあと、女子サッカーは急速に幅広く成長する潜在力があり、ビジネス的にも大きな産業になる力を秘めていると見られていた。二〇一七年欧州女子選手権のテレビ視聴者は一億五〇〇〇万人で、二〇一八年女子FAカップ決勝にウェンブリーに足を運んだ人たちは四万三四二三人、翌年二〇一九年は四万三二六四人だった。メキシコの新しい女子リーグ、リーガMXフェメニルの二〇一八年の最終戦は、五万一二一一人が観戦した。

それではなぜイングランド内で、期待されるその潜在力が発揮されないのだろう?

ウィメンズ・スーパー・リーグのほとんどすべてのチームの試合会場は、所属クラブのメインスタジアムはおろか、その近くにあるグラウンドですらない。女子チームを応援するファンたちは、不便な場所に足を運ばねばならない。男子チームと同じカレンダーでリーグの試合が組まれるようになり、男子も女子も応援したいというクラブのファンたちは、週末を試合観戦でつぶさなくてはならなくなった。女子の試合をクラブの聖地近くスタジアムで行なうことは簡単ではない。とくに大都市ではむずかしい。ロンドン周辺では土地の価格が高騰し、女子チームのために新しく小規模のグラウンドを確保することはほとんど不可能だ。

マンチェスター・シティWFCにはまちがいなく最高の環境が与えられている。リザーブチームと育成年代のためのアカデミー・スタジアムは、メインスタジアムのイテハド・スタジアムのすぐ近くにあるサッカー専用スタジアムで、女子チームもホームグラウンドとして使用している。

チェルシーFCウィメンもおそらくそれにつぐ最高の環境にある。ホームグラウンドのノービトンにあるキングスメドウ・スタジアムはスタンフォード・ブリッジからは遠いが、交通の便がよく、設備が整ったサッカー専用だ。キングスメドウとフラム周辺地域には、チェルシーの女子チームの宣伝が行き届いている。

両クラブとも女子チームへの投資に本腰を入れて取り組んでいる。男子と女子の試合日程についても協議を重ね、同等にはかってスケジュールを組んでいる。女子チームをクラブ事業の支柱と位置づけた姿勢だ。女子サッカーを、世間でよくいわれるような慈善事業としてだけでなく、採算のとれる事業として育てていこうとしていることが、両クラブのこの扱いから見てとれる。

もしクラブが、ファンだけでなく、もっと広域のコミュニティの利益を考えて運営すれば、観客増員の問題は大きく変わってくるのではないか。サポーターがオーナーのルイスFCは、男子と女子は、練習場所も試合会場も同じで、財政的支援も資産も男女平等だ。男女とも二部のチャンピンシップに所属しているこのクラブの取り組みは、ビッグクラブのような資源がない小さなクラブでも何が可能なのかを見せてくれる。だが女子チームの大半が、オーナーが所有している男子チームが主体のクラブの傘下にある現在の体制は、国内リーグの女子サッカーの存在が富豪のビジネスマンの気まぐれに左右されるリスクを負っている。

観客数を飛躍的に増やすのは、そう簡単ではない。大きな試合会場に少ししか観客がいないと、選手たちは気持ちよく試合ができないし、雰囲気も盛り上がらず、テレビ映りも悪いという意見がある。それも一理あるだろうが、女子サッカーはいま上昇機運に乗っているのだ。もし大きなスタジアムで試合をすることによって、観客数を少なくとも二倍に増やせれば、チケット販売収入も増えるしスポンサーにとっては認知度もあがるだろう。

二〇一九―二〇シーズンに、ウィメンズ・スーパー・リーグの平均観客数は初めて大きく伸びて三〇七二人になった。不便なスタジアムまで足を運ぼうとする熱心なファンたちが突然増えたわけではない。二〇一九年ワールドカップの影響と、FAがクラブに働きかけて、メインスタジアムで試合をするようになったからだ。シーズン開幕戦の週末には、イテハド・スタジアムでマンチェスター・シティWFCとマンチェスター・ユナイテッドWFCの、ウィメンズ・スーパー・リーグで初となるマンチェスター・ダービーに三万一二一三人が集まった。同じ週末に、チェルシーFCウィメンがトッテナム・ホットスパーFCウィメンに勝利した試合は、二万四五六四人が観戦した。シーズン終盤にトッテナム・ホットスパーFCウィメンがウェストハム・ユナイテッドFCウィメンをロンドン・スタジアムでやぶった試合には、二万四七九〇人が、そして新装のトッテナム・ホットスパー・スタジアム（収容人員六万二八五〇人）で行なわれたウェストハム・ユナイテッドFCウィメンとのロンドン・ダービーには、シーズン最多となる三万八二六二人が観戦に訪れた。

スタジアムが大きくなれば、観客が増えるという現象は、イングランドだけに起こることではない。同じく二〇一九―二〇シーズンに、アスレティック・ビルバオ・フェメニーノがサンマメスのスタジアムでアトレティコ・マドリード・フェメニーノを2‐0でやぶった試合には、四万八一二一人が集まった。七週間後にアトレティコ・マドリード・フェメニーノが、ホームスタジアムのワンダ・メトロポリターノに宿敵のFCバルセロナ・フェメニを迎えてタイトルを争った試合には、六万七三九人という女子の試合として最高の観客数を記録した。これまでの最高観客数は、一九二〇年にディック、カー・レディースがセント・ヘレンズと対戦した試合での五万三〇〇〇人であり、九九年ぶりに記録が破られたことになる。

マドリードで行なわれたこの試合の記録は観客数だけではない。スポーツに特化したスペインのテレビネットワーク、GolTVでこの試合を視聴したのは三三万人で、ピーク時には四一万三〇〇〇人が観ていた。視聴率は四・二七パーセントで、その週のGolTVの最高視聴率だった。

スタジアムが大きくなれば、観客数が増えるのはサッカーだけではない。イングランド・ネットボール協会は、二〇一九年にUKスポーツでのプレゼンテーションでこういった。「これまでわれわれはせいぜい観客席が一〇〇〇〇ほどの小規模な体育館で試合をしていたが、現在ではウェンブリー・アリーナ、ゲンティング・アリーナ、エコー・アリーナやカッパーボックス〔アリーナ〕といった、収容人数が一万五〇〇〇人以上の大規模アリーナでの試合チケットを完売するまで成長した」

二〇一九年八月末、イングランド・ラグビー協会はイングランド女子ラグビー代表の国際親善三試合の最終となる対アイルランド戦を、男子代表の対オーストラリア戦後に、同じトゥイッケナム・スタジアムで開催することを発表した。サッカーのプレミアリーグに加盟するビッグクラブのお情けにすがって運営される女子チームとちがって、ラグビーなどほかの競技では、女子の試合を大きな会場で開催する実験的な試みがより簡単に進む。

ネットボールやラグビーなどの競技で試験的に行なわれている、大会場で女子の試合を開催する試みは、女子スポーツ競技の市場性を占うための一回限りの興行かもしれない。だが「場所をつくれば、彼らはやってくる」〔映画『フィールド・オブ・ドリームス』の有名なセリフ〕という精神が、発展の第一歩であることを示している。試合会場へのアクセスが簡便で、大きなスタジアムで開催される試合を手ごろな価格で観戦でき、トップレベルのサッカーが見られれば、観客動員は期待できるはずだ。二〇一九―二〇シーズンに女子リーグの観客数が飛躍的に増えたことは、どんなチームでもこういう条件を備えれば、マーケティングの努力が実ることを証明している。だが、マーケティングを超えた条件も必要だ。ＦＡとクラブは大衆向けの戦略を展開しなくてはならない。

ここ数年、観客動員数の記録を更新している大半のクラブは、子どもとシーズンチケット保有者に無料チケットを配布している。一方で地元のクラブや学校への無料チケット配布はノルマだ。アトレティコ・マドリード・フェミニーノがワンダ・メトロポリターノで試合をするときにも、同じように無料チケットの配布は行なわれているが、六万人以上の観客数を記録した試合では、二万六九一二人（四四パーセント）が五〜一〇ユーロのチケットを購入した。アトレティコ・マドリード・フェメニーノはこの試合に先立って、試合の情報をメディアで集中的に広報し、街を巡回するバスの車体に女子選手たちの写真を掲載し、クラブのグッズ売場で選手がサイン会を開き、代表として出場試合が一〇〇に達した選手三人の記念プレートの除幕式をする、など話題作りのプロモーションに余念がなかった。ソーシャルメディアでのPRにとどまらないこういった積極的な宣伝が、観客数を増やすことに役立つはずだ。

新型コロナウイルスによるパンデミックは、女子サッカーを取り巻く環境を根本的に変え、これまでの見方や分析が通用しなくなった。それは世界じゅうで起こった変化につながっている。二〇二〇年三月、行動制限を求める声に世界じゅうが揺れていたとき、私はアメリカでシービリーブス・カップを取材していた。アメリカが毎年開始している親善大会で、イングランドは前年二〇一九年ワールドカップ前に開かれたその大会で優勝していた。アメリカはまだ英国で議論されていた厳しいロックダウンにはいたっておらず、大会を取材していた私たちは、世界の緊張から離れたところにいた。だが徐々にパンデミックの影が忍び寄り、最初の二試合が行なわれたオーランドから決勝ラウンドが行なわれるニュージャージーに移動したあと、オーランドのテーマパークが休園になった。ニューアーク飛行場から決勝戦のためにダラスに移動すると、ニューヨーク市はロックダウンの準備に入っており、感染者数が増加しつづけていた。ダラスに到着すると、試合開催地であるダラスのすぐ北の町、フリスコで最初の感染者が報告された。イングランドに帰国する便のチケットは完売しているのに、飛行機の座席は半分しか埋まっていなかった。アメリカ市民が英国に行ったら戻ってこられないのではないかと恐れて、搭乗しなかったからだという。

三月一二日に私はヒースロー空港に降り立ったが、翌日からサッカーは全試合が中止になった。パンデミックによってクラブがこうむる影響がスポーツニュースで報じられていた。サッカーだけではない。社会のあらゆるところにパンデミックは被害をもたらした。生活のいたるところで支障が出た。もちろんサッカー界にも災難がふりかかった。女子サッカーも例外ではなかった。

男子のトップクラブは放映権料とチケット収入で何百万ポンドも損失が出た。トップクラブのような資産を持たない脆弱な経営基盤のクラブは、チケット収入を失って経営危機に瀕した。ＦＡにも巨額の損失が出た。理事会では財政を引き締めねばならないという声が高くなり、女子サッカーの将来はきわめて危ぶまれた。

グローバルな選手組織である国際プロサッカー選手会は、女子サッカー競技が「存続の危機に瀕している」と警告を発した。選手会は、各国のサッカー協会と世界じゅうの女子サッカーの利害関係者《ステークホルダー》がさらに力を入れて選手たちを守り、「より組織を強化するという強い意志を持つべきだ」と訴えた。その報告書では「安定的に大会を開催し、事業として継続していけるように、リーグ、クラブと選手たちに財政支援がなされるべきだ。さもなければ、安定的に黒字経営していたクラブが、この経済停滞によって破綻に追いこまれかねない」とはっきりと問題を提起した。

女子チームの大半は、チケット収入と試合開催時にあがる収益だけでは、グラウンドの賃貸料やスタッフの費用、遠征費用などをまかなうことができていない。女子の試合の放映権はＢＴスポーツとＢＢ

Cスポーツが持っていたが、試合ごとの放映権料は支払われていなかった。つまり試合が中断したことで、女子チームは男子チームほど大きな財政的影響はない。最大の損失は、試合再開が遅れてあげくにリーグが中止になってしまえば、選手、監督とスタッフへの支払いがとどこおることと考えられた。

女子チームは男子と同じ問題にも直面した。リーグ順位はどう決まるのか？　来季のチャンピオンズリーグに出場できるのはどのチームなのか？　昇格と降格はどう決まるのか？　だが収益基盤が男子よりも脆弱な女子チームにとって、そんなことよりも財政的影響のほうがはるかに大きな問題だ。

プレミアリーグ、二部から四部までのイングリッシュ・フットボール・リーグ、ウィメンズ・スーパー・リーグとウィメンズ・チャンピオンシップというプロサッカーリーグに、再開するか否かについて同じスタンスで判断することがFAに課せられていた。リーグごとに異なる対応をとったり、矛盾したメッセージを出したりすることは、社会組織に透明性が求められている時代に非難されかねない。

むずかしい判断を迫られたFAには広く同情の声が集まったものの、決断が遅れるほどに、女子サッカーのすべてのクラブ、選手、ファンと関係者たちの苛立ちはつのった。男子の試合は再開された一方で、女子のリーグは中断のままそのシーズンは終了となった。シーズンを終了し、試合ごとのポイントをもとにリーグの順位を決めることにクラブも最終的に同意したものの、FAのその決断には広く非難が寄せられた。

結局のところ、ウィメンズ・スーパー・リーグの輝きが、うわべだけの薄っぺらなものだったことがパンデミックによって可視化され、いまもその弱点が修正されないままだ。

ウィメンズ・スーパー・リーグをプロリーグと呼ぶのは、嘘ではないにしても、拡大解釈された真実でしかない。ＦＡと同様メディアも、プロリーグであることを事実として報じ、実態を歪曲した点では同罪である。スポンサーを引きつけ、最高の選手を呼びこみ、最大の観客を集めるために、実態をゆがめて伝えた。想定外だった世界的なパンデミックによってメッキがはがれ落ちると、一時期、半分は真実として通用していたことの本当の全体像が突然露呈された。

女子プロサッカーは二〇二〇—二一シーズンから再開したが、男子サッカーよりも複雑な様相を見せた。以前の勢いを取り戻そうという意欲が欠けていたからではない。女子サッカーでは「プロ」とする基本レベルの認識が男子のクラブよりはるかに低く、またクラブによってその解釈が違っていたからだ。二〇二〇年にくだされたリーグ中止の決断は、唯一の道ではなかった。女子リーグ一部と二部の選手とクラブは、シーズンの残り試合の開催を望んでいなかったと広く報道されている一方で、ＦＡと男子のプレミアリーグとプレミアリーグに加盟するクラブが、女子リーグ中止にあたって果たした役割について、大きな疑問が投げかけられた。

ドイツでは二〇二〇年五月後半に男子のブンデスリーガがリーグ再開した二週間後、女子リーグのフラウエン・ブンデスリーガが再開した。ウィメンズ・スーパー・リーグとチャンピオンシップがシーズン途中で終了を決めたその週に、ドイツでは男女ともにリーグが再開した。男女のブンデスリーガのクラブ、ドイツサッカー協会とリーグは、エリートの女子サッカーも含めたサッカー界全体のサポートのためにともに力を合わせた。イングランドでは、ＦＡがウィメンズ・スーパー・リーグを盛んに売りこんでいるにもかかわらず、プレミアリーグは当初、男女リーグが連帯することなどまったく念頭にないようだった（結局新シーズンに先立ち、新型コロナウィルスの検査費用を補助するために一〇〇万ポンドを渡したくらいだった)。

ドイツのように、男子、女子の枠を超えてサッカー界全体で力を合わせることをイギリスで提案しようものなら、そんなことは極論だ、過激だ、非現実的だといわれる。なぜか? イギリスのサッカー風土がドイツのそれとはずいぶん異なるからだ。労働党政権下でも保守党政権下でも、イギリスの政治で何十年にもわたる中心課題は「民営化」で、国が主導する政策や投資への忌避感がある。サッカーシーズンを安全に終わらせるために公的に短期の財政支援をすることは、長期的な財務計画を脅かしかねないという意見が通ってしまう。収入を得る新たな道を探すとか、ブンデスリーガのビッグクラブがやったように、男女平等の旗印のもと、プレミアリーグのビッグクラブに女子リーグへの財政支援を促して、試合を安全によりよい方向に運べるよう働きかけるという発想は、イギリスでは議題にさえのぼらない。

FAとプレミアリーグは平等についてさんざん話をし、「みんなのためのサッカー」を旗印に掲げているが、一番問題なのはそこにつけられているただし書きではないか。「ただし、市場最優先で運営されているプレミアリーグの権力とモラルに疑問を投げかけるのでなければ」という一文だ。

シーズンの短縮が決定される前に、ウィメンズ・スーパー・リーグとチャンピオンシップのクラブは、シーズン終了まで必要な安全基準が守れるかどうか、またそれができるための財源があるかと問われた。ドイツで見られた男女リーグと協会の連帯はイングランドでは見られず、クラブは各々自己責任で、魔力を使ってでも危機を乗り越えろというメッセージだった。そんな対応はモラルに影響した。もしクラブが安全な環境がつくることへの不安を見せれば、選手たちはクラブが自分たちを守ってくれないと感じる。だから女子チームはシーズンを途中で終わらせることに賛成したのだ。

財政支援を欠き、先行き不透明な期間が長く続き、危機を乗り越えるためにサッカー界全体で資源を出し合おうという気配もないのを見て、女子チーム側は意見を出してもなんの対策も取られないと悟った。なぜならFAの対策が頼りにならず、リスクが高くて危ういままで終わってしまいかねなかったからだ。

最初のロックダウンで、少女の育成機関であるアカデミーの閉鎖を決定するにあたって、クラブとFAとの間でまたもや齟齬が生じた。どのクラブもアカデミーの閉鎖を望んでいなかったが、政府がロックダウンを宣言したとき、クラブの少女向けのアカデミーはどこも「エリート育成に必要なプロトコル」に合致していないとFAは通達した。男女で育成の手法が異なるのは不平等だ、というのがFAの言い分だ。アカデミーを閉鎖するという通達は、ロックダウンが始まって数日のうちに出された。つまりクラブ側にはアカデミーを「エリート育成」の水準まで引き上げることで組織の不備を正すか、最初から組織内に存在していた男女間の不平等を許していたルールを正すか、のどちらを選ぶかを考える時間さえほとんどなかったことになる。

ひとつのクラブが、アカデミーを再開する意志があると発表した。ブライトン・アンド・ホーブ・アルビオンWFCは、「デュエル・キャリア・アカデミー」として、少女たちに少年たちと同じプロトコルでアカデミーを運営するとFAに伝えた。ほかにも数クラブが同様の措置を講じると発表した。

パンデミックはさまざまな男女間の不平等を露呈させた。女子チームにはクラブが所有していないグラウンドを使用させることや、女子チームの設備が男子チームよりも貧弱でスタッフ数が少ないこと、医療行為が受けにくいことなどだ。全体的に見れば進歩はしていたので、そういう不平等は表立って口にされなかった。

もっと早く進められるべきだっただろうか？ それはまちがいない。パンデミックに関係なく、少女と少年と同じキャリアパスを提供し、契約内容に差をつけないだけの十分な資金がクラブにはある。

草の根とアマチュアレベルのサッカーに、パンデミックが与えた影響の大きさを語るには、もう少し時間が必要だ。

その一方で、二〇二〇―二一シーズンに再開したウィメンズ・スーパー・リーグとチャンピオンシップは、驚くほどの成功をおさめた。アメリカ合衆国女子代表の五名の選手が加わった。東京オリンピックに備えて、彼女たちはプレーする場をイングランドに求めたからだ。アメリカではナショナル・ウィメンズ・サッカー・リーグ（ＮＷＳＬ）のレギュラーシーズンが中止され、代わりに五月末から短期的にＮＷＳＬチャレンジカップが開催された。* 定期的に試合ができなくなった代表クラスの選手たちはイングランドやそのほかの国でのプレーを選択した。

アレックス・モーガンがトッテナム・ホットスパーＦＣウィメンに、クリステン・プレスとトビン・ヒースがマンチェスター・ユナイテッドＷＦＣに、ローズ・ラベルとサマンサ・メウィスがマンチェスター・シティＷＦＣに移籍してきた。欧州の最優秀選手に選ばれたデンマークのパルニレ・ハルダーもチェルシーＦＣウィメンに夏に移籍してきて、ウィメンズ・スーパー・リーグとチャンピオンシップは

＊ＮＷＳＬチャレンジカップは無観客で実施され、アメリカでパンデミック後に初めてライブ放映されたスポーツの大会となった。視聴者数もスポンサー数も驚異的だった。

うきうきとした楽観ムードと、リーグの成長可能性への期待が高まるなかで再開した。スー・キャンベルはパンデミックによる影響でもっとも驚いた点についてこう語る。

パンデミックは私たちにじっくりと考える時間をくれました。こんなことをいうとおかしいと思われるにちがいありませんが、直近の六カ月間で私が四年間見てきたよりも大きな進歩を見せた分野もあったのです。それは人々が考え、話し、アイデアを前に進める時間があったからです。

おもしろいことに、女子サッカー競技への関心がより高くなりました。ただパンデミックで唯一後退してしまったのが、サッカーだけでなくスポーツ全般の草の根の階層だった、と私は思っています。子どもたちは学校が休校になって体育の授業が受けられず、またスポーツがしばらくできなかったことが、どれほど大きな影響を及ぼしたことか。子ども向けのスポーツ振興をはかる慈善事業、ユース・スポーツ・トラストが発表した調査報告によれば、社会経済的貧困地域の子どもたちは運動不足です。運動だけでなく、はっきりいってすべてが不足しています。教育監査局局長に聞いた話では、読み書き能力と集中力に欠け、落ちこぼれている子どもたちが驚くほど大勢いるとのことですが、私はスポーツでも同じにちがいないと思います。読み書き能力とスポーツの能力を同次元ではかるわけにはいかないと思われるかもしれませんが、私は同じだと確信しています。子どもたちの基本的な身体活動にパンデミックが及ぼした影響が心配です。私たちにとっては、FA傘下のクラブと地域のミニサッカー教室が不安です。開催されたかと思えば活動停止になることを繰り返しました。草の根レベルの活動がどうなっていくのか。もう一度活動を盛り上げていくためには、相当努力しなければならないでしょう。

パンデミックによる影響は社会システム全体に及んでいます。私たちは何年も前の状態に戻ったのか？　そうは思いません。でもこれまでとは異なる側面で、後退したことはまちがいありません。それでも私は、偉大な人類はすぐれた回復力を有していると信じています。いったん活動を再開すれば、刺激的で、おもしろくて、魅力的な女子サッカーを見せることができて、人々は戻ってくるでしょう。女子サッカーは五〇年間禁止令が出ていた期間中も生き延びました。だからパンデミックも乗り越えます。


キャンベルの談話は、女子サッカーがさまざまな障害を乗り越えて、そのつどより強く大きくなってきた回復力と、その力を導き出した人たちを称えるすばらしいメッセージだ。FAがパンデミックへの対応でいくつかミスをしたことは否めないが、感染症の広がりはあまりにも早く、これまで例のない出来事だったことを考えると、まちがいにはある程度目をつぶったほうがいいのだろう。

女子サッカーの脆弱さが露呈したのも、いいことだった。FAは土台をしっかり築くことなく家を建ててしまった。美しい家を建てたらより関心を集めて、誰にも気づかれないようにあとからそっと土台を補強できるくらいの資源が集められるだろう、と期待していた。それは危険だった。グローバルに拡大したパンデミックは家を揺さぶった。FAが想定していた潜在的なリスクをはるかに超える大きな力で、家は揺さぶられてしまった。

パンデミックは、女子サッカーが男子と密接に結びつくことによるリスクについても、はっきりと示した。二〇二〇年一〇月、リヴァプールFCとマンチェスター・ユナイテッドFCが主導し、プレミアリーグの権力をいわゆる〝ビッグ・シックス〟──リヴァプール、マンチェスター・ユナイテッド、マンチェスター・シティ、アーセナル、トッテナム・ホットスパー、チェルシーに加えてウェストハム、エバートン、サウサンプトン──に集中させて、その代わりにパンデミックによってFAがこうむった三億ポンドの財務損失を補填する一億ポンドを渡す、という「プロジェクト・ビッグ・ピクチャー」が発表された。詳細がもれるとすぐに、この計画は棚上げされた。

六カ月後、欧州最大の一二クラブ──レアルマドリード、バルセロナ、アトレティコ・マドリード、ユベントス、インテルミラン、ACミラン、アーセナル、リヴァプール、マンチェスター・シティ、マンチェスター・ユナイテッド、チェルシー、トッテナム・ホットスパー──がもっと厚顔無恥な事業計画を発表した。「欧州スーパーリーグ」の設立だ。ビッグクラブがより財務管理を強化し、リーグを安定的に開催するという宣言だ。

どちらのプロジェクトもパンデミックによる財務危機を言い訳にし、新しい展開が必要だと訴えてはいたが、実は新型コロナウイルスの影響が及ぶ前から計画は進んでいた。ファンたちからの囂々《ごうごう》たる非難のおかげで、どちらのプロジェクトも頓挫した。

ふたつのプロジェクトにはどちらにも、女子サッカーを自分たちの計画に引きずりこもうとする意図があった。「プロジェクト・ビッグ・ピクチャー」の計画では、ウィメンズ・スーパー・リーグとウィメンズ・チャンピオンシップを一〇〇〇万ポンドを支払って救済し、「女子プロサッカーの新しい独立したリーグを十分な資金で発展させせ」、新生のウィメンズ・スーパー・リーグ、ウィメンズ・チャンピオンシップ、ウィメンズFAカップと草の根の活動に年間五〇〇〇万ポンドをつぎこむ、と約束していた。FAが女子サッカーに二〇一九年に支出した一一〇〇万ポンドをはるかに超える予算だ。

そして「欧州スーパーリーグ」構想の事業者はこう保証した。しかし、「男子リーグが開始し、実施可能になったらできるだけ早期に男子と対応する女子リーグも立ち上げ、女子サッカーの進歩と発展を助ける」というたったの一行だけで、それ以上の情報も女子リーグをどのような形で運営していくのかという問題にいっさいふれていない。その〝保証〟は、女子チームが男子チームの添えものになることを予測させただけだった。

問題は、「欧州スーパーリーグ」に加盟する予定だった一二クラブが、欧州の女子サッカーのエリートを代表していなかったことだ。（「欧州スーパーリーグ」に加盟予定だったクラブの女子チームは、一回だけチャンピオンズ・リーグの決勝戦で対戦したことがある。二〇二一年の決勝戦で、FCバルセロナ・フェミニが4－0でチェルシーFCウィメンをくだして優勝した。）三人のクラブオーナーは記者会見で、女子サッカーを推進していく必要があると理解しているといったが、三人ともそれまで女子サッカーにはまったく関心を示したことがなかった。マンチェスター・ユナイテッドWFCは設立わずか三年で、ユベントスFCウィメンは四年、レアル・マドリード・フェメニーノは一部リーグであるプリメーラ・イベルドローラに昇格したばかりだった。

「プロジェクト・ビッグ・ピクチャー」を主唱したリバプールは、最新鋭の練習場を建設しても女子チームには使わせず、リヴァプールFCウィメンは二〇一九―二〇シーズンにチャンピオンシップに降格した。〔二〇二二―二三シーズンにはまたウィメンズ・スーパー・リーグに昇格している〕そしてUEFA女子チャンピオンズリーグで七回優勝しているオリンピック・リヨンと、二回優勝したＶｆＬヴォルフスブルクは構想の蚊帳の外に置かれた。

もし女子チームがこのプロジェクトに加わるようなことがあったとしたら、悲惨な結果を招いたことだろう。同様に、もし「欧州スーパーリーグ」が立ち上げられて、女子チームをプロジェクトに加えなかったら、女子サッカーはおそらく壊滅的な影響を受けていただろう。結局「欧州スーパーリーグ」は事業を停止したが、その失敗はサッカーを営利目的だけで利用することに警鐘を鳴らし、女子サッカーにとっては男子サッカーに主導されることのリスクの大きさを知らしめた。

女子サッカーは上昇機運に乗っているが、急成長して、プロとセミプロのチームを維持していくための財務基盤を安定させるために、クラブは男子プレミアリーグをモデルにし、そのクラブとかつてないほど関係を密にせざるをえなかった。

女子サッカーの大半が、試合をしても何も金銭的に得るものがなかった時代には、人々の好意と信頼によって存続できた。しかし、国際金融グループのバークレイズがスポンサーになって、名称もバークレイズ・ウィメンズ・スーパー・リーグとなり、ほかにもスポンサーが増えていき、スカイスポーツとＢＢＣスポーツがウィメンズ・スーパー・リーグの放映権を獲得したいまとなっては、営利目的で女子サッカーを利用しようとする勢力がでてくることに十分考慮していかねばならない。

女子サッカーが中長期的に利益を生む潜在力を有していると見るからこそ、クラブもスポンサーも投資しようとする。それは悪いことではない。女子サッカーが成長していくために、投資は重要だ。だが、女子サッカーの長期的で着実な発展よりも、短期的な利益を求める個人や組織がかかわってくるリスクには、よりいっそう警戒する必要がある。

女子サッカーは将来的に、私利私欲に走る勢力を避け、自己防衛できるような対策を検討する必要がある。「欧州スーパーリーグ」騒動が引き起こした混乱で、ふたつの課題があきらかになった。ひとつは、男子サッカー競技で起きた「欧州スーパーリーグ」のような策略から、女子サッカーをどう守っていけばいいか？　ふたつ目に、男子サッカーが歩んでいる利益至上主義追求とは異なる道をどう開拓していけばいいか？

提言——飛躍にむけて

女子サッカーの強豪国はいま重大局面を迎えている。イングランドではバークレイズがリーグスポンサーになって、改革を後押ししている。BBCとスカイスポーツが毎週試合を放映する権利を獲得したのは画期的だし、リーグのタイトルはまちがいなく以前より価値を高めた。

欧州女子チャンピオンズリーグでは二〇二〇—二一シーズンから新しい画期的な再分配モデルが採用され、出場クラブがより大きな収益を得ることが約束された。欧州の大会に出場するチームが加盟するリーグのクラブ間で選手が移籍した場合、選手を獲得したクラブが元のクラブに移籍金の五パーセントを支払うことと、男子チャンピオンズリーグから女子に一〇〇〇万ポンドを支払うという「連帯金」制度である。

こういったすべてが女子サッカー競技の潜在力を引き出す効果がある。しかし多くの点で慎重に考えねばならない。男子から学ぶ点がひとつあるとすれば、それはクラブのオーナーたちと金融機関が、サッカーのことを真剣に考えて判断しているかを、見極めなければならないことだ。投下されるカネが土台を固めるのに費やされるかをしっかり見張り、女子サッカーが搾取されないように、クラブやリーグが自衛する対策がいまのところとられていない。

ウィメンズ・スーパー・リーグとチャンピオンシップの問題についての説明責任は、プレミアリーグに比べるとまだ十分ではない。ＦＡ理事会には一部と二部の二三チームの代表として、六クラブが理事メンバーになっている。四クラブがウィメンズ・スーパー・リーグから、二クラブがチャンピオンシップからだ。六クラブ中五クラブは、プレミアリーグの男子クラブ傘下の女子チームである。ウィメンズ・スーパー・リーグを代表する四クラブすべてが、「欧州スーパーリーグ」を計画した〝汚い一二クラブ〟に含まれる。

もうひとつ指摘しておきたいのは、ＦＩＦＡの決定機関である理事会に女子サッカーチームの代表者として出席している理事たちは、日々現場で運営にかかわっている人たちではない。ビジネスで利益をあげることが第一と考える男子サッカークラブの関係者が、たとえばルイスＦＣとチェルシーＦＣウィメンの微妙な立ち位置のちがいを理解し、選手やスタッフの将来を考えていけるだろうか？　プレミアリーグに関する問題については、一メンバー一票の投票で多数決で決められる。だが女子サッカーの諸問題についてはこの形式がとられていない。メンバーの三分の二の同意が得られないと、可決されないのだ。どのクラブも株主が議決権を有するプレミアリーグ方式に非常に大きな問題があるのはたしかだが、多数決が採用されない時点で、女子サッカーは男子サッカーよりも民主的ではないといえるのではないか。

女子サッカーには愛すべき点がたくさんある。男子と多くの点でちがっていることは喜ばしいことなのだ。女子サッカーは男子サッカーよりも、多様な人々や考え方を受け入れてより開かれている。もちろん人種差別や同性愛嫌悪《ホモフォビア》をめぐっての事件はあった。サッカーは社会から隔離されて存在しているわけではなく、あらゆる社会悪がサッカー界にも反映されている。しかし女子サッカーを支援し、女子サッカーに価値を見出している人は、すでにある程度の進歩的な考え方を持っているにちがいない。女子サッカーの世界はより進歩的なのだ。進歩的な考え方を持っている人たちが支援していることで、女子サッカーはこれからもっと多くのファンを引きつけるであろうし、その規模はより大きく、より多様になるはずである。

女子サッカーの核には、社会的包摂《ソーシャルインクルージョン》の精神がある。多様な人々にむかって開かれている開放的な文化だ。ゲイであることを選手は堂々と認めるし、LGBTQ＋の権利の擁護に声をあげるし、あらゆる差別の撤廃を表明していることもよく知られている。女子サッカー界が取り組むこういった主張や運動は、社会に病理が深く浸潤するのを食い止めるひとつの手助けになっていくだろう。

選手たちは、サッカー競技でキャリアを築ける権利が正当化されるように、ファンからの支援を必要としている。女子サッカー選手とファンの関係の親密さは、男子サッカーには見られないものだ。毎試合後に選手たちは一時間かそれ以上、ファンたちと話をし、サインをし、一緒に写真を撮る。雨が降っていようが、カンカン照りだろうが、それは変わらない。選手たちがサッカー専業ではなく、パートタイムで、またはアマチュアでサッカーをしていた長年の慣習によるものだ。選手たちはファンたちと同じように、生活していくのに必死だ。大半の選手の生活は質素で、いまも生活費をどう得るかで苦心している。ファンたちも、競技がプロ化することを望んでいる。選手たちの生活水準が向上し、生活費の工面で苦労せずに長い期間プレーできることを望んでいる。負傷したら、もしくは引退したら、明日からどうやって生活していこうかと悩まなくてすむようになってほしい。

その課題がクリアできたら、つぎは一歩進んで、どうやってファンと選手がいまのような近い距離にしておけるかが重要になってくる。選手たちがいまよりもっと忙しくなり、メディアへの露出が増えて、スポンサーがたくさんつくスター選手があらわれ、女子サッカーの注目度があがったときに、ファンとの距離はどうなるだろうか?

二〇二〇年一二月、アマチュアレベルの選手もふくめて多くの選手たちが自宅待機を強いられ、多くの人たちが不安定な雇用による将来の不安に苛まれ、学童たちは自宅学習で、もちろん旅行も含めた移動が厳しく制限され、パンデミックの危険性が叫ばれていた。よりにもよってその時期に、五人ほどの女子サッカー選手たちがドバイに逃げて、リゾートでバカンスを楽しんでいたことが報道された。ファンたちの共感と応援を得て成り立っていた女子サッカーが、将来的にそんなつながりを失うのではないか、という小さな警鐘が鳴らされた気がする。

皮肉な話だが、男子選手と同じライフスタイルを女子選手も享受できるようになったことを示した出来事でもあった。女子サッカー選手もドバイでバカンスを楽しめるだけの経済力をつけるくらい進歩した、というわけだ。しかしこの場合、選手たちは大々的に空気を読みちがえていた。ファンとエリート選手たちの関係に、この出来事は大きな裂け目を入れたといってもいい過ぎではない。私たちがほとんど無自覚に認めている男子サッカー界の権力と特権意識を、初めて女子サッカーにも見た出来事だった。

男子サッカーの行き過ぎた面を避けるために、女子サッカーはどうすればいいのか、という現状の否定から入るのではなく、もっと前向きに問いかけてみたい。

どうすればサッカー競技をよりよくできるのか？　社会全体を真剣に考えてよりよい影響力を持ち、社会に深く関与できるサッカーのあり方とはどのようなものか？

二〇二〇年、スコットランド議会はすべての女性たちに生理用品を無料で提供する法案を可決した。公共施設、学校や大学で、生理用品が無料で入手できるようになったこの画期的な施策は、女性を中心とした大勢の抗議活動の成果だ。

同じく二〇二〇年一〇月、ポーランドの憲法裁判所が、先天的な異常を理由にした人工妊娠中絶は違憲だと判決を下した。これまでも人工妊娠中絶が基本認められていなかったポーランドだったが、合憲と認められた中絶の九六パーセントが胎児の異常を理由とするものだったので、この判決によりポーランドでのほぼすべての人工妊娠中絶は違法となってしまった。これに対し、何百万人もが抗議の声をあげ、街頭デモなどを繰り広げた。

アメリカでは二〇二〇年五月、黒人のジョージ・フロイドが白人警官に窒息死させられた事件をきっかけに、またたく間に世界じゅうに人種差別反対を訴えるブラック・ライブス・マター〔「黒人の命もたいせつだ」という意味。略してBLM〕運動が広がった。BLM運動は、二〇一二年二月にアメリカフロリダ州で黒人少年のトレイボン・マーティンを射殺した白人警官が、翌年無罪判決を受けて釈放されたことに抗議し、三人の黒人女性たちが立ち上げたものだ。

BLM運動を立ち上げた女性たちは、二〇一四年からソーシャルメディアで #SayHerName とハッシュタグをつけた運動を始めた。二〇一五年交通違反で逮捕勾留され、三日後に刑務所で縊死しているのが発見されたサンドラ・ブランド、二〇二〇年三月に自宅にいきなり踏み込んできた警官に射殺されたブリオナ・テイラーなど、アメリカでは警官に殺される黒人女性が何百人もいる。黒人女性は白人女性に比較して職務尋問を受ける割合が一七パーセント、警官に殺される割合は一五〇パーセント多く、人種間の差が大きい。それに抗議した運動だ。

英国でも二〇二一年三月、サラ・エバラードが友人の家から帰る途中に行方不明になり、捜査が続くなか、警察が女性たちに「夜間の外出を控えたほうがいい」と警告したことに対し、「なぜ被害を受けやすい女性が行動を制限しなければいけないのか?」「男性たちこそ外出禁止にすべき」と囂々《ごうごう》たる非難と抗議の声が起こった。数日後に遺体が発見され、犯人が警官のウェイン・クーゼンスと判明すると、抗議の声はいっそう大きくなった。

#MeToo運動以降、女性たちはもはや虐待や不平等に黙っていなくなった。時代は変わったのだ。

サッカー界でも女性たちは闘っている。よりよい設備や待遇を求めて、出産育児の権利を求めて、同一賃金かそれ以上を求めて、世界じゅうで彼女たちの闘いは続いている。女子選手たちがスコットランドサッカー協会と賃金と待遇をめぐって起こした争いについて、スコットランドでは報道が禁じられた。二〇二一年三月、オーストラリアのWリーグの選手は今後五年間で現在より三五パーセント賃金を上げることでリーグと同意した。二〇一九年、ナイジェリア女子代表のキャプテン、ディザイア・オパラノジが主導し、女子選手たちは未払いのボーナスと出場給の支払いを求めて、座りこみで抗議した。アイルランド共和国女子代表チームは二〇一七年に代表招集時の手当てがあまりにも低すぎることに抗議して、国際試合の前にストライキをするとサッカー協会に迫った。ブラジルの選手八名が体格を批判されたことに抗議し、もっと敬意を払うよう求める公開書簡を発表した。デンマークでは賃金をめぐる争いで一試合が没収された。二〇二〇年、ブラジルとシエラレオネの女子代表が求めた代表選手の男女同一賃金を求める訴えに、オーストラリア、イングランド、ノルウェーとニュージーランドも加わった。アフガニスタンの女子代表は、アフガニスタンサッカー協会会長による残虐な性的、身体的虐待を告発した。(FIFAは二〇一九年、会長だったケラムディン・ケラムが生涯サッカーにかかわることを禁止する永久追放処分をくだした。)イランの女性たちはサッカーを観戦する権利を求めて闘った。

アメリカ合衆国女子代表はアメリカ合衆国サッカー連盟を相手どって、女子代表選手に男子代表と同じ賃金と待遇を与えるよう訴えを起こし、法廷に持ちこんだ。二〇一六年から二〇一八年に、女子サッカーは男子サッカーよりも約九〇万ドル多い収入を連盟にもたらした。二〇一五年ワールドカップで優勝したときにアメリカ合衆国女子代表と男子代表の収入差は一九〇万ドルまで広がった。二〇二一年、飛行機、ホテル、キャンプ地や滞在地の選択、スタッフの増員など、労働条件について、アメリカ合衆国サッカー連盟は女子代表の訴えを一部認めた。だが男女同一の賃金と賞金の分配については、連盟からはかばかしい回答が得られなかった。(しかし二〇二二年五月一八日、アメリカ合衆国サッカー連盟は男女代表チームの同一賃金の支払いに同意し、男女それぞれを同じ契約条件にすると発表した。)女子サッカーが私たちが望む方向に進む道を拓いた、という意味で時宜を得た結果だ。

本書では詳しく触れられなかったが、アフリカや中南米の多くの国で女子サッカー競技を大きく発展させ、女子サッカーを通して平等意識を社会に広く根づかせる芽が育っている。女子サッカーは、大胆で革新的なリーダーシップを発揮してこの時代を牽引していく必要がある。イングランドではFAがそんなリーダーシップをとることがますますむずかしくなっている。なぜか？　スタッフのなかには才能も熱意も十分で、誠心誠意つくしているスタッフもいるが、ＦＡのそれ以外の人たちの姿勢に女子サッカーは制限をかけられているからだ。

いまのところ、ＦＡはプレミアリーグにウィメンズ・スーパー・リーグの運営をゆだねようと一生懸命だ。二〇二〇年初め、プレミアリーグのクラブはウィメンズ・スーパー・リーグを傘下におさめる可能性について検討していたが、結局はもう一年様子を見ようと先延ばしした。そのときＦＡは「プレミアリーグがウィメンズ・スーパー・リーグを運営する可能性について、長期的に検討するプロジェクトを支援する。あくまでも試験的なプロジェクトであり、長期的展望のもとに考えていく」といった。

何回もリーグの改編を行ない、そのたびに結果はいろいろで多くの犠牲を出したものの、ＦＡが本腰を入れて女子サッカーに投資することを疑う声は聞こえなくなった。それがピッチ内外での女子サッカーの発展につながったことはまちがいない。ＦＡが本気を示したことで女子サッカーは権威を持ち、大衆、スポンサーと放送各社を引きつけた。イングランドで女子サッカーはＦＡを必要としていた。

だがＦＡが全力で女子サッカーに取り組んでいるかといわれると、そこは議論の余地がある。イングランドのサッカーで実際の権力を握っているのはプレミアリーグだ。ＦＡは女子サッカーの利益をはかる決断を、ＦＡだけで決定することはできない。女子サッカーがつぎの段階に発展していくためには、ＦＡ以上にプレミアリーグの力を頼るしかなく、それは非情なサッカービジネスに組み込まれることを意味する。

だからといって、プレミアリーグが女子リーグを傘下におくことが悪いというわけではない。むしろ逆だ。このパンデミックで、男子のトップクラブが利己的で強欲であることが恥ずかしいほど白日の下にさらされた。ＦＡにとって女子サッカーの優先順位が第一位ではないように、プレミアリーグにとっても女子サッカーの優先順位は高くない。これまでの歴史を振り返っても、女子サッカーはつねに男子の添えものだった。

　女子サッカーリーグが未公開株式《プライベートエクイティ》の投資家の支援を受けて運営される、という選択肢もあるかもしれない。しかし「欧州スーパーリーグ」と「プロジェクト・ビッグ・ピクチャー」というプロジェクトがはっきりと示したように、投資家が何よりも重視するのは投資の短期的な回収である。投資家に委ねることは、サッカーの魂がむしばまれる危険がある。

　イングランドで女子サッカーを持続させていくためのひとつの方法は、目指すところを考え直し、ドイツがやっていることに近づけることだ。もうひとつは、ウィメンズ・スーパー・リーグとチャンピオンシップの運営を独立した組織に任せ、女子サッカーの利益だけを考える意思決定機関とすることだ。

　ここでアメリカではどのように女子サッカーのプロ化をはかってきたかを見ていこう。ナショナル・ウィメンズ・サッカー・リーグ（ＮＷＳＬ）はかつてアメリカ合衆国サッカー連盟が管理していたが、リーグの所有権を持っていたクラブが交渉して、分離した別組織にすることにした。それによってリーグはサッカー連盟から自立した組織として運営されることになったが、自立性を持続可能にするためにサッカー連盟からの財政援助は受けている。ナショナル・ウィメンズ・サッカー・リーグが完璧だというわけではないにせよ、パンデミックを乗り切る道を自力で見つけ、アメリカで最初に試合を再開した、チームスポーツのプロリーグとなったことは注目に値する。パンデミック期間中にスポンサー契約をあっさりと打ち切られて犠牲が出たことがあるだろうが、ナショナル・ウィメンズ・サッカー・リーグは魅力を高める道を自ら開拓した。おかげでバドワイザー、CBS、ナイキ、P&G、シークレット・デオドランド、ソーン・リサーチ、ツイッチ〔ライブストリーミング配信のプラットフォーム〕、ベライゾン〔アメリカで加入者数最大の携帯電話事業者〕のすべてが、無観客で行なわれた二〇二〇年NWSLチャレンジ・カップのスポンサーとなった。*

ウィメンズ・スーパー・リーグは同じ道を歩むことができるだけの権威と実績がある。リーグ自体が十分に魅力的で、ほかに依存せずに意思決定できる組織をつくることは、市場重視のスポーツビジネスにおいても有効なはずだ。

自立と持続可能性が鍵を握る。チームがあまりにも男子クラブに依存しすぎれば、女子サッカーの健全な未来を見ることはむずかしくなる。短期的に大きな収益をあげるからとサッカーに投資してきたクラブが、女子サッカーが収益をあげる気配を見せただけで、経営権を簡単に譲り渡すようなことはありえない。彼らが欲しいのは利益の分前であり、女子サッカーがより進歩的で公正なやり方で勝者となることを望んだりしないことはあきらかである。

自立と持続可能性が達成できたらそれでいいわけではなく、女子サッカーが進む道を自分で決めるとするなら、やり方を変える必要性もある。過激に聞こえるかもしれないが、親クラブの支配をまったく受けないで自立して運営することを、女子クラブは真剣に考えるべきだ。

男子が主体のクラブが、傘下にある女子チームから無理やり手を引かされることがないとも限らない

*NWSLチャレンジカップはレギュラーシーズン前に開催されるすべてのNWSLチームが参加できるカップ戦となった。

し、現在は親クラブがＦＡに払い込んだ資金がウィメンズ・スーパー・リーグ加盟のチームに均等に配分されているが、その制度が取りやめになることがあるかもしれない。男子クラブを所有する富豪の個人オーナーの考えひとつで決まってしまいかねないのだ。クラブが財政難に陥ったら、一番に切られるのは女子チームだろう。そんな事態を防ぎ、女子チームが自分たちの利益を最優先して運営され、より高いレベルに進んでいけるような制度にしなくてはならない。

アーダ・ヘーゲルベルグはノルウェーの若い世代の女性たちがサッカーをする十分な環境を与えられていないことに抗議して、自国の代表チームでのプレーをやめた。まずは平等が基本だ、と彼女はいう。

若い世代の女性と男性どちらにとっても、出発点として私たちが考えなくてはならないのは条件が平等であることです。なぜなら平等に扱われなければ、何の益もないからです。少女たちが、少年たちがプレーしているのと同じピッチでプレーし、同じように自信を得ることができないようなことがあってはならない。

すぐれた選手を育てたいというのであれば、ボールを蹴りはじめた最初の日から、女の子たちを真剣に指導しなくてはならない。そうすればいまよりもはるかにすぐれた選手になるチャンスが得られます。この問題に根本的なところから取り組もうとしなければ、結局よい選手は育たないという悪循環が起こります。問題に取り組むためには、男の子たちを指導し、要求するのと同じことを女の子たちに要求し、同じ指導方法で練習の初日から女の子たちを育成する、ということです。女の子たちと真剣に向き合ってください。それをしなければすぐれた選手は育たず、男女間のギャップはより広がります。

ミーガン・ラピノーはもう一歩進んで、女子サッカーには男子サッカー以上に資金が投じられるべきだという。なぜなら女性たちは歴史的に十分な資金を与えられずにきたのだから。その意見に私は同意する。「基本的な常識でしょう。これまで十分な支援を受けてこなかったコミュニティにより厚く投資しなければ、格差はまったく縮小しないままです」と彼女はいう。

格差を解消するためには倍の投資をすべきです。それを慈善とみなすことはできないし、みなすべきではない。女子サッカーのビジネスとしての潜在力は非常に大きい。FIFAはその潜在的可能性を見てワールドカップに実際に投資していますよね。潜在的な市場性は大きいといいながら、投資は不十分です。女子ワールドカップのフランス大会を見てください。もし本当に市場性を信じて投資する意欲があれば、グッズさえまともに販売しないなんてことはありえない。グッズはあったけれど、あっという間に売り切れでした。そうやって機会損失をしたあげく、カネの使い方に途方に暮れたりする。

アメリカ合衆国サッカー連盟に対しても、私はこう考えています。「ええ、私たちはもちろんお金が欲しいですし、もっと賃金をもらう資格があると思っています。私たちがもっとお金を稼げば、あなたたちももっと潤うし、一緒に力を合わせたら、みんなが食べられるようになりますよね」。ビジネス・チャンスはあるんです。

ラピノーはまた男子サッカーから、何をすべきか、絶対に何を避けなければならないかの両方の教訓を得ることができる、という私の意見に同意する。

サッカーという成熟した製品を観察し、好きな部分を取り、嫌いなことは捨ててもいいと思います。私たちができることは、日々よりよいものをつくっていくことと、男子サッカーがおかしたのと同じまちがいをしないようにすることです。サッカーを発展させ、施策をつくり、ルールを定め、リーグをスタートさせるときには、多方面に目を配り、多様性を受け入れようとしなくてはなりません。さまざまな人たちをひとつの部屋に集めて、集まった人たち全員の視点を取り入れ、その意見に耳を傾ける必要があります。そうやってこそできうる最高の製品を世に出すことができる。ファンたち、チーム、選手たち、誰にとっても最高のものをつくることです。

いろいろな意味で、物事はラピノーの言葉どおりシンプルだ。現在のところ、権利を持つ側には女性もマイノリティのグループも十分にいない。「それが深刻な問題だ」とラピノーはいう。

あるビール会社が四分で引っ込めてしまった広告があります。「夜間外出禁止にNO」というコピーが入っていたからです。つまり、女性は夜間外出したらレイプされるかもしれませんよ、ということをほのめかしているわけでしょう。広告発表の場にいた女性たちは「本当のところ、あなたたちは女性たちが夜出かけるのを控える状況を継続させたいわけね」と思ったにちがいありません。私はいつもこの例を引いて、人は誰も差別を意図的に見過ごそうとしているわけではない、ほかの人の視点から物事を見ることをせず、経験をしたことがないから、差別的なことをいったりやったりしてしまうのだ、と説明しています。だからこそ多様な特性を持ち、さまざまな文化を背景にしている人たちが必要なのです。多様性《ダイバーシティ》と包摂《インクルージョン》を重視することで、想定される社会がその全体像に近くなり、どんなものであっても最高の製品がつくれて、最高の広告と最高のストーリーが編みだせます。おかしいと思ったことにはっきりと異議を申し立てること。もしそれが欠けていれば、最高のものを手にすることはできません。あなたたちの製品が悪いというわけではないけれど、最高のものにはならないでしょう。

発足してすぐに利益を生み出すビジネスはほとんどない。「カネをつくるにはカネがいる」のだ。時間とエネルギーとともにカネを費やし、投資することで、製品の信頼性が高まり利益が生まれる。女子サッカーは長い時間をかけて、年々需要が高まっていることを証明してきた。

私は女子サッカーに直接的に恩恵をこうむってきた。二〇一七年六月からガーディアン紙で女子サッカーについての連載コラムを書く仕事をもらったとき、継続するかどうか、九月まで様子を見よう、といわれた。だがその必要はなかった。女子サッカーの記事の反響は上々で、ウェブでの閲覧数も多く、それまで女子サッカーの情報を求めていた読者がいることが証明されたからだ。二年後、私は女子サッカー専門のフルタイムの記者になった。そのポストは新設で、私が第一号だった。

つまり何がいいたいかというと、何事も真剣に取り組まないと始まらない、ということだ。クラブやサッカー競技統括団体が本腰を入れて、女子サッカーにとって最善の利益をもたらすような決定をすること。また女子クラブが本気で選手を守る姿勢を取ること。メディアが女子サッカーについてまじめに報道し、献身的なファンを増やす努力をすること。選手やスタッフはクラブから、金銭面と運営面での本気の支援を引き出すことも重要だ。

男子が使用するスタジアムでの女子サッカーの試合数をもっと増やす。女子チームに最高の環境を与える。クラブのメインスタジアムで、女子チームの主催試合を二試合開催するだけでも変化が起きるだろう。当面は男子クラブの人気に便乗し、観客数を増やす努力をしてもいい。だが、ただ数字をふくらませるだけでなく、女子サッカーにより投資を増やすためだ。忠実なファンたちがもっと足を運びやすい交通手段を提供することもたいせつだ。不便なグラウンドには無料の交通手段を用意するか、行政に働きかけて支援を受けることも考えたらいい。長期的にファンを引きつけておけるマーケティングを編み出すことも必要だ。クラブが女子サッカー競技市場には可能性があることを全面的に認めるまでは、女子サッカーはさまざまな妨害にさらされ、人々の関心も高まらないだろう。ファンたちが女子サッカーを受け入れ、支援し、愛することを望むのであれば、クラブは女子チームを支援し、その価値を高める姿勢を示さなくてはならない。

誠心誠意女子サッカーを支えていくことによって、クラブとFAはサッカーを超えて、スポーツの力によって国じゅうの家庭、学校や職場で平等のメッセージを浸透させていくことができる。スポーツによって平等と公正のメッセージを伝えることで、人種間や男女間の対立を深めることなく、メッセージが受け入れられるようになる。本当の意味での平等が根づき、人々が損得を超えて平等の必要性を認めるようになって初めて、私たちは女子サッカーをめぐる微妙な問題について議論が始められる。女子の試合ではゴールサイズを変える、ピッチを小さくする、といった問題。もしくは男女の体格差にどう対応するか、といった議論だ。チェルシーFCウィメンの監督、エマ・ヘイズはBTスポーツでこの問題について的確な意見を述べている。

女子サッカーの試合でのゴールキーピングについて、しばしば批判が寄せられます。ゴールは女子選手にとっては若干大きいという意見に私は賛成です。もし女性たちの体格差に考慮してゴールサイズが変えられたら、いま批判にさらされているゴールキーパーたちは、その偉大さを称えられるようになるでしょう。

男子の競技とすべて同じ規定を当てはめるよりも、戦術と同様、女性たちの身体にあった、女子サッカーという独自の競技にしていかねばなりません。

変えるべきなのは、考え方ですし、いったん変えることを始めたら、男子サッカーとは異なる「女子サッカー」というスポーツが実現します。そんな「女子サッカー」の試合を、人々は男子サッカーやほかのスポーツと同じように観戦しにくるでしょう。

ゴールサイズやピッチサイズを変えるには巨額の投資が必要になるから、現時点では基本的な設備やピッチを女子サッカーのために準備することはむずかしい。だがより公正で平等な社会になり、スポーツがカネ儲けではなく、楽しみと情熱と運動のために行なわれようになれば、私たちは最適の環境を整えることができるようになるだろう。

世界で最大の競技人口を持つサッカーだが、女子サッカーはまだ競技として始まったばかりである。だからその潜在的成長力ははてしなく大きい。男子サッカーやほかの多くのスポーツに存在する歴史的な縛りは、女子サッカー競技にはない。社会に前向きな変化を起こし、世界じゅうの何百万人もの人々に、ジェンダーに関係なく感動を与えるスポーツになる可能性を秘めている。第一次世界大戦中に英国や欧州の人々がディック、カー・レディースにはげまされたように。私が少女のころケリー・スミスのプレーに感動したように。または今日、多くの人々がラピノーやヘーゲルベルグのプレーと言動に奮起させられているように。

女子選手たちが躍動し、大勢の人たちに感動を与えれば、女子サッカーは興行として成功し、商業的な成功を得るだろう。だが女子サッカーはもっと広く社会に大きな益をもたらすことができる。チームスポーツは信頼と人間関係づくりを育む。サッカーで身につくそのふたつのスキルは、少女や女性たちにとって、生涯にわたってはかりしれない価値ある財産となるだろう。エリートの選手たちだけでなく、草の根サッカーでも価値あるものである。

サッカーには巨額のカネが流れこむ。非営利組織のサッカー協会やＦＩＦＡに、女子サッカーはもっと大きな支援を勇気を持って求める必要がある。男子サッカーがここまで成長するまでに、投資、財政など多方面にわたる支援があった。男子サッカーが享受しているのと同じ規模の支援を受けてこそ、もしくは後発であることを考えるとそれ以上の支援を受けてこそ、女子サッカー市場の眠っている潜在成長力は呼びさまされ、顕在化するはずだ。

私たちはもっと大胆に声をあげるべきだ。タイトルIXの施行でアメリカの女子サッカーが、学校スポーツにおいて男女が平等に公的支援を受けられるようになり、大きく発展したように、もっと若い世代からの育成で女子に男子と同等の支援ができないものだろうか？　ワールドカップのような大きな大会の賞金を男女同一にできないか？　女子の試合をゴールデンタイムに放映できないか？　もっとも弱い立場にいる選手たちを、アマチュアかプロかを問わずに守る適切な自衛策が取れないのか？

本書は女子サッカー競技の歴史をたどったものだが、どの時代にあっても女子サッカー選手たちが粘り強く、実行力を持って闘ってきたことは驚くばかりである。ジェンダー、人種、セクシュアリティーや階級でマイノリティとされている人たちと女性たちが、互いに手を取り合って、またイデオロギーを共有して、この社会に変化を起こそうと立ち上がれば、私たちは信じられないほどすばらしいことを成し遂げることができる。女子サッカー競技の歩んできた道は、そのことを教えてくれる。変革の機は熟している。

謝辞

本書は数多くの方々の協力のもと、長期間にわたるプロジェクトで完成した。執筆期間中の大半はグローバルなパンデミックによって人との接触が制限され、インタビューもやむなくオンラインで行なわざるを得なかった。対面でのインタビューや現場取材なしに完成させるのは不可能だと頭を抱えることが執筆中に何度もあったが、ようやくこうやって一冊にまとまったのは多方面にわたる人々の協力と支援があったからだ。

女子サッカー競技のたどってきた道筋を一般社会の歴史と重ね合わせながら書く、という構想が壮大すぎて手に余ると尻込みする私を、いまこそ書くべきだと熱心に励ました著作権エージェント、アエビタス・クリエイティブ・マネージメントのマックス・エドワーズの情熱がなければ、本書は日の目を見なかっただろう。初めての打ち合わせから二年間にわたって私に併走したマックスのことが、私はいろいろな意味で大嫌いだった。最初の原稿を渡してからも何回も書き直しを命じられ、しまいには声を聞くのもいやになるほどだったが、ようやく原稿が完成したとき、そこまでやらせた彼を愛していることに気づいた。だから渋々ではあるが、感謝を捧げたい。

ガーディアン紙のスポーツ記者として、また女子サッカー特派員として、毎週末は試合取材のために留守をし、ときには長期にわたる出張に出て、在宅しても夜昼かまわず原稿を書いて本書の出版までこぎつけられたのは、ひとえにパートナーのマイケルと息子のジェームズの忍耐強さのおかげだ。週末も休暇の旅行も家族団欒も犠牲にしたことに、二人は耐えてくれた。そして私の留守中に育児を担い、ベビーシッターの急な要請にも応えてくれたのは近親者のネットワークだ。ラック家、ベイション家と拡大家族のみんな、ありがとう。その名前をぜひともここに記しておきたい。ジュディ・ベイション、イアン・ターナー、デイブ・ウェブ、ヘレン・ハックワーシー、ホリー・ハックワーシー、ジャック・ハックワーシー、サリー・ベイション、カイル・アンサーリ、アイビー・ベイション、ロージー・ラック、マーク・ミリガン、マット・ラック、シェイラ・ラック、サラ・ラック、デニー・バーン、シリアン・バーン、チェリル・ワードリー、スコット・ワードリー、ジョン・ウェイマウス、シャノン・ノリス、フィービー・ケンドール・ミカレフ、リーライ・ケンドール・ミカレフ、ケイシー・ウェイマウス、ジヨン・ウェイマウス。皆に感謝する。

パンデミックで落ち込み、また女子サッカーに向けられる皮肉や嘲笑に怒り、なかなか進まない原稿に苛立ったとき、女友だちが愚痴を聞いて励ましてくれた。モリー・ハドソン、エマ・サンダース、レイチェル・オサリバン、ソフィー・ダウニーとクレア・ブルームフィールドは、マルガリータを飲みながら意見を出してくれた。また私の愚痴につきあっていやな顔ひとつしなかったマギー・マーフィーとルーシー・ミルズには感謝する。

本書が執筆できたのは、ガーディアン紙で記事を書くようになったおかげだ。マーティン・ローズとフィリップ・コーンウォールのふたりのデスクは、原稿整理や編集補助の仕事をしていた私に記者の仕事を与えてくれた。記者のアンナ・ケッセルは、デスクが女子サッカーを取材する記者を探していると聞いて、私を推薦し、当時スポーツ部長だったオーウェン・ギブソンが私を製作スタッフのシフトに入れてくれた。現スポーツ部長のウィル・ウッドワードは、女子サッカーを担当していたルイーズ・テイラーに私を強力に推薦してくれ、最高の人格者であるルイーズのおかげで私は女子サッカー特派員のポストにつくことができた。そして心から女子サッカーに関心を寄せているサッカー欄担当編集者のジョン・ブロドキンとマーカス・クリステンにも感謝したい。これ以上望めないほどすばらしいチームで私は働いている。

私がガーディアン紙で仕事ができているのは、大胆で賢明なアドバイスをくれるヴィッキ・オービスと彼女の夫でジャーナリストのイアン・リドリーのおかげだ。またヘレナ・ナイバイトワン、ゲイリー・ジェームズ、キエラン・テベムは、原稿を読んでは貴重なフィードバックをくれた。

英国での出版社フェイバー・アンド・フェイバー社と、アメリカでの出版社トライアンフ・ブックス社は、締め切りを何度も延期する私に辛抱強くつきあい、より内容の濃い作品にする時間をとってくれた。

最後は女子サッカーへの感謝で締めくくりたい。女子サッカーは人生の早い段階から私の心をとらえ、いまの充実したキャリアを与えてくれた。本書のために取材したゲイル・ニューシャム、スー・キャンベル、ケリー・シモンズ、ミーガン・ラピノー、アーダ・ヘーゲルベルグ、ジャン＝ミシェル・オラス、ルイーズ・ロー、アンソン・ドラス、ケイ・コッシントンそのほか大勢には深謝する。また広範にわたる調査にあたって貴重な資料と情報を提供してくれたジーン・ウィリアムズ、ゲイリー・ジェームズ、スチュアート・ギブス、ジョン・シムキン、スティーブ・ボルトン、ヘルゲ・ファラー、スー・ロペス、フィオーナ・スキレン、そのほか名前をあげきれないほど大勢の方に感謝したい。本書の執筆にあたって協力してくれた人たちだけでなく、女子サッカーという競技の発展のために闘ってきた（いる）すべての人たちにも感謝を捧げたい。

長い謝辞になってしまったが、女子サッカーが広い世界の大勢の人たちの支えのなかで発展しているように、作家も数えきれない人たちの力のおかげで作品を世に出すことができる。長い謝辞は大勢の人たちの力添えの証である。

日本女子サッカー小史──訳者あとがきにかえて

原書 *"A Woman's Game: The Rise, Fall and Rise Again of Women's Football"* は、主としてイングランドと欧米の女子サッカー競技を、社会における女性の権利獲得と解放の歴史に重ね合わせた内容で、二〇二二年六月にイギリスとアメリカで出版されて話題を呼んでいる。著者は現在ガーディアン紙で女子サッカー担当記者をつとめるスザンヌ・ラック。選手だけでなく、コーチやオーナー、研究者など幅広い人たちへのインタビューに、自身の子どものころからのサッカー経験をからめつつ構成され、女子サッカーがエリートから草の根までどのように発展してきて、これからどう成長していくのかがよくわかる内容になっている。

だが決定的に欠けているのが欧州と北米以外の地域への視線だ。とくに二〇一一年FIFA女子ワールドカップで優勝した日本についての記述があまりにも少ないことは、著者がイギリス在住の若手記者であることを考えるといたしかたないとはいえども残念なので、訳者あとがきにかえて日本の女子サッカー競技の歩みと現在について記しておきたい。

本書では、中国漢王朝で蹴鞠に女性たちも熱狂していたという記述が第1章で紹介されているが、日本でも一四〇〇年前の飛鳥王朝に蹴鞠が親しまれていたという記録がある。

だが女性たちがサッカーをしていたという一番古い記録は大正時代だ。北海道から九州までの公立高等女学校二八六校の学校史の調査により、一九〇二年から一九四〇年までの大正から昭和初期に、五三校で「フットボール」が実施されていた記事や写真が確認され、二〇一三年に論文で発表された（「戦前日本における女子フットボールの様相に関する歴史的基礎研究」崎田嘉寛、寳學淳郎、藤坂由美子、近藤剛、田邊圭子、津内香）。サッカーが神戸や横浜に滞在していたイギリス人によって日本に伝えられたのは一八七〇年代とされ、その後、国の富国強兵策の一環として、師範学校の体育の授業で競技が行われていたという。大正期には男子だけでなく、女子も授業や運動会でボールを蹴っていたという記録を見ると、イングランドの女子サッカーが最初に興隆するのと同時期に、日本でも女性たちが果敢にプレーしていたわけだ。

だが戦争の気配が濃厚になった一九四〇年代には男女ともにサッカーどころではなくなった。つぎに女子サッカーについて記録が出てくるのは、一九六六年、神戸市の福住小学校の六年生が福住女子サッカースポーツ少年団を結成したこと、また神戸女学院中等部でサッカー部が誕生したことである。私はこの出来事を個人的に記憶している。一九六八年メキシコシティ・オリンピックで銅メダルを獲得した日本男子代表の活躍をテレビで観戦し、すっかりサッカーに魅せられてしまった私は、当時創刊されたサッカーマガジン誌を定期購読して、毎号暗記できるほどに読んでいた。そこで身近で女子中高生がサッカーをしていることを知り、「女性もサッカーをするんだ！（してもいいのだ！）」と中学生の私は目が覚める思いだったのだ。神戸女学院の隣駅にあった私立女子校に通っていた私も、中学生のときに体育の授業で初めてサッカーを経験できた。アメリカで起こっていたフェミニズム第二波の影響で日本でもウーマンリブ運動が盛り上がっていた一九六〇年代後半から一九七〇年代に、「男子がすることは女子もする」という時代の空気が後押ししたことがあったのだろう。

一九七七年第二回AFC女子選手権（のちにAFC女子アジアカップに改称）に初めて日本女子代表が出場した。参加したのはサッカーマガジン誌のメンバー募集に応じて集まったサッカー好きの高校生や社会人たちが、一九七二年に創設した日本初の女子サッカークラブ、FCジンナンだ。その後FIFAからの働きかけもあり、一九七九年には日本女子サッカー連盟が設立され、やがて日本サッカー協会（JFA）傘下となった。一九八〇年には第一回全日本女子サッカー選手権大会が開催され、FCジンナンが優勝した。

日本女子サッカー発展のターニングポイントとなったのは、一九八九年の日本女子サッカーリーグ開幕だ。当初は六チームによる二回戦総当たりで試合時間は前後半四〇分ハーフで行なわれた（その後四五分ハーフに変更）。一九九一年には本書でも紹介されているFIFA主催の第一回女子ワールドカップが中国で開催され、日本も招待されて参加したが三敗してグループリーグを敗退した。

日本女子サッカーリーグ開幕当時に圧倒的強さを誇ったのが読売ベレーザ（現日テレ・東京ヴェルディベレーザ）だ。野田朱美、高倉麻子、手塚貴子、小野寺志保、大竹七未といった女子代表選手を輩出し、一九九〇年から一九九三年まで四連覇を達成している。のちに日本女子サッカーのレジェンドとなる澤穂希は、一九九一年中学一年生で入団して、出場三試合目に初得点をあげている。澤は一九九三年一五歳のとき、日本代表に初選出され、二〇一五年に代表を引退するまで二〇五試合に出場、歴代最高の八三ゴールをあげている。

一九九五年スウェーデンでのFIFA女子ワールドカップで、日本代表は初めて一勝をあげてベスト8になり、翌年開催されたアトランタ・オリンピック（女子サッカーが初めてオリンピック種目となった）の出場権を確保した。だが、日本経済の停滞により企業がつぎつぎと女子サッカーリーグから撤退し、一九九〇年代後半から日本女子サッカーは「冬の時代」に入っていく。

国内における女子サッカー人気がしだいに衰えていき、やがてそれが代表の成績にも影響した。一九九九年アメリカで開催されたFIFA女子ワールドカップでは準々決勝に進むことができず、翌年のシドニー・オリンピックの出場権を逃した。澤は、読売が撤退して存続が危うくなったベレーザを一九九八年に退団し、翌年アメリカに渡ってコロラド・デンバー・ダイアモンズからアトランタ・ビートに移籍して活躍した。澤は日本人サッカー選手が海外で実績を残す先駆者のひとりとなり、二〇〇〇年代に入ると宮間あや、永里優季、大野忍、安藤梢などアメリカやドイツにわたって活躍する選手が増えた。現在もアメリカやヨーロッパのトップリーグで多くの日本人女子選手が活躍している。

二〇〇〇年、日本サッカー協会に女子プロジェクト（現在は女子委員会）が発足し、女子サッカー競技の強化が積極的にはかられるようになった。二〇〇三年FIFA女子ワールドカップはグループリーグで敗退したが、二〇〇四年日本で開催されたAFC女子サッカー予選大会でアテネ・オリンピック出場権を獲得し、代表チームの愛称が「なでしこジャパン」に決定。メディア露出も増え、女子サッカーの人気が徐々に盛り上がっていった。

二〇〇六年に発足した「なでしこチャレンジプロジェクト」でエリート選手の育成・強化が打ち出されると、やがて成果が出始めた。二〇〇八年AFC女子アジアカップで三位となり、国際大会で初のメダルを獲得。北京オリンピックでは初のベスト4。そして二〇一一年FIFA女子ワールドカップで優勝を飾った。澤が大会最優秀選手と大会得点王を受賞、チームはフェアプレー賞を受賞した。

翌年二〇一二年ロンドン・オリンピックでは決勝でアメリカと戦って惜しくもやぶれたが、銀メダルを獲得。二〇一五年カナダで開催されたFIFA女子ワールドカップでは決勝でまたアメリカと対戦したが、やぶれて準優勝。だがその後、国際大会での成績がふるわなくなっていく。アジア最終予選で三位となって、二位までに与えられる二〇一六年リオデジャネイロ・オリンピックの出場権を逃した。二〇一九年フランスで開催されたFIFA女子ワールドカップはラウンド16で敗退。二〇二一年東京オリンピックはベスト8で敗退した。世界の女子サッカーが大きく発展するなかで、いま日本女子サッカーは新しい世代の台頭を待つ雌伏の期間にあるのかもしれない。

国内では新しい進展がある。二〇二一年九月、プロリーグ「WEリーグ」が開幕し、初年度は一一チームが参加。九月から五月まで、ウィンターブレイクをはさみながら秋春制で実施された。本書第3部で詳しく紹介されているアメリカのナショナル・ウィメンズ・サッカーリーグ（NWSL）やイングランドのウィメンズ・スーパー・リーグ（WSL）に追いつき追い越し、将来は「世界一の女子リーグ」となることを目標に掲げて、二年目となる二〇二二―二三シーズンを迎えている。WEリーグが海外リーグから学びつつ試行錯誤を重ね、やがて大きく実を結ぶことを願いたい。

日本でも女子サッカー競技がこれからもあらたに大きく発展していく可能性は十分にある。本書の著者も強調するように、女子サッカーが飛躍する機は熟しているのだ。

本書の最初の原稿が白水社編集部の藤波健さんから送られてきたのは、二〇一九年だった。その後新型コロナウイルス感染が世界的に拡大するなかで刊行は遅れ、最終原稿が送られてきたのは三年後だ。本書は女子サッカーについて、能天気に明るい未来予想図を描くのではなく、かといって悲観的にはならず、過去を振り返りながら現在を分析し、未来への提言で締めくくっている。充実した内容は、ロックダウンをはさんで三年をかけたからこそ書けたのではないか。

本書の刊行にあたっては多くの方たちにお世話になったが、とくに推薦文を寄せてくださった澤穂希さんには深く感謝したい。

二〇二三年オーストラリアとニュージーランドで開催されるFIFA女子ワールドカップでは、本書で紹介されている各国の取り組みの成果をぜひ見てみたい。

二〇二二年初秋

実川元子

	欧米を中心とした世界の女子サッカー史	日本における女子サッカー史	フェミニズム運動と世界の歴史
1972			アメリカで公的教育機関における男女差別禁止のタイトルIX可決
1975	香港で第一回AFCアジア女子選手権開催		イギリスで性差別禁止法制定(2010年に平等法)
1976		関西女子サッカーリーグ発足	
1977		第2回AFCアジア女子選手権にFCジンナン出場・初国際試合	
1979		日本女子サッカー連盟発足	
1980		全日本女子選手権(現在の皇后杯)始まる	
1981		日本女子代表チーム結成、第4回AFC女子選手権出場、ホスト国として「ポートピア81」開催、イングランド、イタリアと対戦	
1984	イタリアで国際大会「ムンディアリート」が1988年まで開催 UEFA欧州女子選手権始まる	「ムンディアリート」に日本女子代表として出場	
1986	エレン・ヴィッレがFIFA総会で女子サッカーへの支援を仰ぐ		
1988	6大陸12チームによる非公式の女子世界大会が広州で開催	日本女子代表、世界大会に招待参加	
1989		日本女子サッカーリーグ(のち略称Lリーグ)発足	
1991	FIFA主催の実質的第一回女子ワールドカップが中国で開催、優勝を機にアメリカで女子サッカーブーム	FIFAが主催する女子ワールドカップに日本女子代表出場	ベルリンの壁崩壊、東西ドイツ統一
1995	正式にFIFA女子ワールドカップの名称で開催	FIFA女子ワールドカップに出場	
1996	オリンピックで正式に女子サッカーが競技種目となる	アトランタオリンピックに出場	
2001	UEFA女子チャンピオンズリーグ始まる		
2004		代表チーム名なでしこジャパンに決定。リーグ名もなでしこリーグに	
2006			市民活動家タマラ・バークが性暴力被害撲滅を訴えてソーシャルメディアで#MeToo運動を始める
2011	イングランドで女子サッカープロ化をめざしてFA女子スーパーリーグ発足	第6回FIFA女子ワールドカップで日本女子代表優勝	女性に対する性暴力に抗議するスラットウォークが世界に広がる
2012	ロンドンオリンピック開催、アメリカが優勝	ロンドンオリンピックで準優勝	
2013	アメリカで3度目の挑戦となる女子プロサッカーリーグ、ナショナル・ウィメンズ・サッカーリーグ(NWL)が発足		
2015	カナダでFIFA女子ワールドカップ、アメリカが優勝	FIFA女子ワールドカップで準優勝	
2017			セクハラ告発をきっかけにSNSで世界的に#MeToo運動が広がる
2021	東京オリンピック開催、カナダが優勝	東京オリンピックはベスト8、プロ化をはかるWEリーグ発足	
2022	米国サッカー連盟は男女同一賃金を求めた女子代表チームの主張を認め賃金賞金を男女同一にする契約に署名		

年表

	欧米を中心とした世界の女子サッカー史	日本における女子サッカー史	フェミニズム運動と世界の歴史
1863	イングランドで近代サッカーが成立		
1873		日本にサッカー伝来	
1881	スコットランドで世界初の女子サッカー試合		英国で女性参政権獲得運動が広がる
1895	イングランドで初の女子サッカークラブ発足		
1914	イングランドの軍需工場女性労働者によるサッカーチーム、ディック、カー・レディースが人気を集める	香川県立丸亀高等女学校や大分県立大分高等女学校で女子学生によるサッカーの試合記録	第一次世界大戦勃発。欧米では労働力となった女性たちが待遇改善を求めて労働運動を繰り広げる
1918	フランスで女子サッカー選手権が開催		
1919	フランス女子チームがイングランドに遠征して国際試合		
1920	ディック、カー・レディースの慈善興行試合が大成功。 FAが女子チームにグラウンド貸与を禁じる「禁止令」発令	日本蹴球協会発足	
1921	ディック、カー・レディース北米遠征。 男子チームと試合		
1922	ドイツ大学女子サッカー選手権開催		アメリカで性別による選挙権否定を禁じる法律可決
1923			アメリカで男女同権法成立
1928	オリンピックに女性が初めて参加		英国で21歳以上のすべての女性に参政権
1932	フランスで女性がサッカーをすることを禁止(1975年まで)		
1933	イタリアで初の女子サッカーチーム結成		
1935	スペインで女性がサッカーをすることを禁止(1980年まで)		
1939			第二次世界大戦勃発~1945年まで
1941	ブラジルでサッカーを含むスポーツを女性に禁じる法律制定(1981年まで)		
1945			日本、憲法で女性に参政権
1954	オランダ、ベルギーのサッカー協会が女子チームを締め出し		
1955	西ドイツサッカー連盟が女子サッカーを禁止(1969年まで)		
1966		神戸に福住女子サッカースポーツ少年団と神戸女学院中等部サッカー部誕生。試合が開催される	アメリカから始まった女性解放運動が世界に広がる
1969	イングランドで女子サッカー競技を管理運営する協会WFA創設 イタリアで欧州4カ国女子代表によるトリノ大会開催		
1970	イタリアで女子国際大会コッパ・デル・モンド開催		英国で同一賃金法制定
1971	メキシコで6カ国による国際大会・FAが禁止令解除、女子FAカップ開催		

ワ・ヲ・ン行

マ行

ヤ行

ラ行

選手名索引

ア行

カ行

サ行

タ行

ナ行

ハ行

カバー写真：Bob Thomas/Popperfoto/Getty Images

ディック、カー・レディース

イングランド北西部で鉄道車両を製造していたディック、カー工場は第一次世界大戦時に軍需工場に転換し、徴兵された男性労働者にかわって女性たちが航空機や蒸気機関車製造に携わった。レクリエーションでサッカーに興じていた女性労働者たちは近隣の工場の女子チームと試合をするようになり、やがて20世紀でもっとも有名となるディック、カー・レディースを結成した。1920年にはグディソン・パークに53,000人ものファンを集めて慈善興行試合を行ない、FAから女子サッカー禁止令が出されたあとも1965年までチームはプレーを続けた。

訳者略歴
実川元子（じつかわ・もとこ）
翻訳家
主要訳書
『サッカーと独裁者：アフリカ13か国の「紛争地帯」を行く』『英国のダービーマッチ』『サッカーが勝ち取った自由：アパルトヘイトと闘った刑務所の男たち』『孤高の守護神：ゴールキーパー進化論』（以上、白水社）、『ハウス・オブ・グッチ　上下』（早川書房）、『ザ・クイーン：エリザベス女王とイギリスが歩んだ100年』（カンゼン）ほか

女子サッカー140年史
闘いはピッチとその外にもあり

二〇二三年一一月五日　印刷
二〇二三年一一月三〇日　発行

著　者　スザンヌ・ラック
訳　者　©実川元子
装　幀　谷中英之
発行者　及川直志
印刷所　株式会社理想社
発行所　株式会社白水社

東京都千代田区神田小川町三の二四
電話　営業部〇三（三二九一）七八一一
　　　編集部〇三（三二九一）七八二一
振替　〇〇一九〇‐五‐三三二二八
郵便番号　一〇一‐〇〇五二
www.hakusuisha.co.jp
乱丁・落丁本は、送料小社負担にてお取り替えいたします。

株式会社松岳社

ISBN978-4-560-09472-3
Printed in Japan

女の答えはピッチにある

女子サッカーが私に教えてくれたこと

キム・ホンビ 著／小山内園子 訳

サッカー初心者の著者が地元の女子チームに入団し、男女の偏見を乗り越え、連帯する大切さを学んで成長していく、抱腹絶倒の体験記。サッカー本大賞２０２１受賞！

ＦＣバイエルンの軌跡

ナチズムと戦ったサッカーの歴史

ディートリヒ・シュルツェ＝マルメリング 著／中村修 訳

ドイツを代表する強豪チームＦＣバイエルンに関わったユダヤ人の歴史を概観し、ナチス時代におけるサッカー界の実情を描いた歴史書。サッカー本大賞２０２２特別賞受賞！

サッカーと独裁者

アフリカ13か国の「紛争地帯」を行く

スティーヴ・ブルームフィールド 著／実川元子 訳

内戦や貧困、政変が続く一方、経済発展を遂げ、スター選手を輩出し、W杯を成功させたアフリカ。スーダン、ソマリア、ルワンダなど大陸を縦断し、最新事情と驚愕の真相に迫る！

サッカーが勝ち取った自由

アパルトヘイトと闘った刑務所の男たち

チャック・コール、マービン・クローズ 著／実川元子 訳

ネルソン・マンデラなど数千人が投獄されたロベン島。過酷な状況下で囚人たちはサッカーリーグを発足。その戦いは、自由への闘争につながった。「サッカーの力」を示す真実の物語。